蘇瀅 無所畏

敢輸才會贏

輸贏不計較 可以勇敢挑戰自我
名次不比較 能夠突破標籤限制

目錄
CONTENTS

破繭

展翅

推薦序

悶悲喜中得到勇氣的鼓舞

全方位創作藝人 又仁

我曾與蘇滢一起排戲、一起跑校園巡迴演出，扛著服裝道具到處奔走、一起拆裝台、帶著角色在台上哭笑。每次下了戲回到家放下肩上行李，看著彼此肩膀總有一條被大小袋子揹帶勒出的血紅色痕跡，雖然疲憊依然相視著爆笑出來。時間一晃十多年過去，讀著蘇滢的文字，想起過往回憶仍歷歷在目，那是一份革命情感，也是我們對表演的熱愛。

我們都是從劇場出身的演員，後來從網路創作讓更多人認識，提醒自己謹記初衷，以及身為表演者的責任。過程中有太多不為人知的悲喜，希望讀者都能從蘇滢的文字中獲得鼓舞。

推薦序

心有猛虎　細嗅薔薇

戲劇主持多才華女藝人　杜妍

初次見到蘇瀅，是在劇組開拍前的演員表演課上，一眼看去覺得她是個清秀可愛、大大咧咧的女孩。但接著你就會從她認真炙熱的眼神，看出她對自己的要求多高。她是我們一起參與上課的演員之中，把表演老師在短時間指派的功課做的最多最滿的人。當然這也持續套用在之後一起工作的每分每秒裡。不只是工作中看得到她眼睛裡對表演熱愛的閃光，她也時常在拍攝空檔抱著電腦敲，利用時間整理其他要拍攝的網路腳本提案。往往都是在一整天的拍攝結束後，才會看到她放鬆下來的神情。拍攝期間的她每天還要從高雄北上，好像從來沒聽過她喊累呢真心佩服！！！我想這就是為什麼我們熱愛表演、熱愛舞台的魔力吧！

我們偶爾也會在隔天放假時相約去小酌一杯，分享彼此人生的小故事，有句話叫「心有猛虎，細嗅薔薇。」獅子座的蘇瀅外表看起來堅強，但從她的對談和文字會慢慢地發現她內心其實是非常溫柔細膩的。她不會輕易放棄自己熱愛的事，因為總是相信可以創造奇蹟。而我相信她也真的做到了！

讀完了這本書，她遠比我想像的她還要更勇敢更堅強（Ps. 狗狗的那 PART 我沒有勇氣做到……要是我一定想翹班……）敢輸才會贏不只是分享了蘇瀅的人生體驗，她的故事更值得我們細心聆聽，相信能給每個有夢想的人更多力勇氣和力量。祝福翻開此書的每個你都能找到屬於自己心中的那份熱愛並堅持下去！

接下來，讓我們把舞台交給蘇瀅，大家請準備好爆米花衛生紙，演出要開始囉！

推薦序

努力走在自己的時區
屬於你的早晚都會到

知名網路 KOL 波特王 Potter King

想當初蘇瀅要出書時，就問我說能不能幫她寫推薦序？重情義的我二話不說立馬答應她，心想這下子我就不用買書，還可以搶先看免費的！耶嘿！

開玩笑的，我會買。

蘇瀅你手上的磚頭請先放下。

但說真的拍影片撩了蘇瀅這麼久，結果最後她還是跟別人走，想到這邊有點不想寫了，不如拿推薦序的欄位來寫自己的故事好了。

且慢，我就說我開玩笑的。

蘇瀅你手上的磚頭請先放下。

其實我是個很喜歡聽別人說故事的人，特別是當對方分享的是自己的親身經歷時，會讓我更為入迷，因為那都是真實的人生。

正所謂痛苦是比較出來的，當我們看見那些比自己還要辛苦的人生經歷時，我覺得人會活得更知足開心，就會想說自己好像也沒這麼慘嘛。（笑）

畢竟在現實生活中，我們並不會像偶像劇或遊戲那般，裡頭的主人公往往靠著主角威能，在面對各種問題時都能一帆風順。

在真實的人生裡頭，是充斥著許多的挑戰，許多的失敗，更多的是陷入困境的無奈，但也正因如此，這些故事才吸引人，才有靈魂。

而這本書所分享的故事，就是我覺得有靈魂的那種。讓我看見了生命的韌性與起伏。

讀這本書時，透過蘇瀅輕鬆活潑的文字，看著她分享這些有血有淚的故事，除了見識到她在面對、處理問題的智慧以外，同時也能讓人獲得滿滿的能量與勇氣，來讓讀者回頭過自己的人生時，能有熱情再繼續堅持，來面對不同人生的階段。

特別是如果你是一位對於演戲，或是從事新媒體產業有興趣的讀者，相信這本書能夠讓你了解到什麼叫做螢幕前的光鮮亮麗，背後全是疲憊身軀。

從一位素人變成一名演員，私下需要做足什麼樣的準備，夢想與現實之間的考量，該怎樣做取捨？以及如何積極地把握住每一次機會。

每個人都有夢想，都有自己的目標，在人生真走到盡頭以前，沒有什麼所謂的絕對成功或失敗，每個人都有著自己的時區，只要持續努力，該來的早晚會到。所以犯錯或失敗並不可怕，怕的是因為害怕犯錯，就什麼都不做。

與其畏首畏尾地度過一生，不如勇於嘗試、行動，去創造出屬於自己獨一無二的故事，敢輸才會贏！喜歡蘇瀅的朋友，千萬不要錯過這本好書。

讀完的同時，也算是變相參與蘇瀅過去大半輩子的人生就是了（笑）。

推薦序

不再挫敗委屈羞辱中絕望
享受逆轉破冰圓夢的喜悅

高人氣國民姑姑演技派女演 海裕芬

到底在什麼時候立定志向是合適的?又到底決定什麼未來方向是正確的?再到底為了夢想犧牲多少是值得的?

當「願望」成了家人心中的顧慮、友人口中的笑料、陌生人眼中的批判,自己還能夠多無畏的堅持下去?

只有夠珍惜自己,才能讓自己好好爭取人生!也許一切到頭來依舊一事無成,但過程中的喜怒哀樂都是體驗！

我想這本書應該不是教讀者如何成功，畢竟每個人對成功的定義大不同，可是蘇瀅書中回憶往昔的那些點滴，絕對可以適時提醒每一刻都該把五感打開，好好感受自己，也感受周圍的一切！當經歷了最傷心挫敗委屈羞辱絕望的時刻，就能更享受開心成功接納破冰圓夢的喜悅。

推薦序

追夢路上　將不徬徨

新生代演員啦啦隊女神 Yuri 陳怡叡

有別於大家看到 Youtuber 蘇瀅風趣搞笑的形象，我看到的是一個心思細膩、情感豐沛又倔將的堅持著夢想的蘇瀅，我相信越是堅強的女生內心越柔情，這樣的蘇瀅，透過演員這項職業能傳遞更多能量給觀眾，也相信這本好書，能給予追夢路上感到徬徨的你，信心與鼓勵！

推薦序

堅持自己夢想　總是真誠不假

編、導、演劇場藝術家 張漢軒

那天午後，接到蘇瀅邀請我為他的新書《敢輸才會贏》寫推薦序的電話，第一句話是沒問題呀，但「真假」呀？其實這句真假，包含著好多好多的想法與疑惑，於是就在我拿到初稿的那天，我用一個晚上逐字逐句停不了地讀著，闔上稿件時，我終於釐清了接下來的，真與假！

「夢想的真假」

很常聽見人們聊著夢想，也常聽見人們錯過自己的夢想，如果空泛地想在書中聊起夢想，肯定會讓人感到真「假」！然而，蘇瀅在書中所提到好幾段深刻的記憶，我是如此幸運地參與其中，更是因為如此，我真摯地感受著他對夢想的執著，敬佩著他對夢想的信仰，深信著他一路上對夢想的「真」。

「堅持的真假」

擁有明眸大眼的蘇瀅，很難讓人看出他受了委屈，或是被欺侮後不滿氣憤的眼神，可以說「真」的很吃虧、「假」得很自然！慚愧的我，竟然也是透過他的文字，才明白他真正的想法，進而瞭解到，原來，在奮鬥過程中的一切阻撓，促使他積累成表演者的角色養分，或是更實質地轉化為堅持向前的動力。

「轉變的真假」

每一個表演階段的蘇瀅，從台上到台下，從角色到自己，他總強逼著自己要懂得轉變，或許礙於書中的篇幅有限，他無法一一說出他身體力行的方式，我還記得多年前的一個夜裡，他遭遇一場很嚴重的車禍，一度無法好好用口語表達，和夥伴們趕到醫院探望他時，我們竟然用比手畫腳的方式，討論著即將到來但他卻無法上台的演出，以及如何面對傷痛的療癒之路，討論著這一切的未知，討論著他要如何，轉變！

「前進的真假」

回憶過去一起合作的每個光景，其中的苦辣酸甜雖早已過去，滿足與自膩，真的不適合、更不應該出現在任何表演工作者的心中，唯有前進，才能走下去。透過自己如此有幸能夠寫序的過程，去探究與發掘本書中許多的真誠與不假。相信，透過蘇瀅這一本幫助自己找尋夢想與堅持的作品，你真的可以！

P.S. 表演家合作社，一個你曾一起努力的家，記得，有空回家坐坐！

推薦序

撐住理想重量　就能實現夢想

YT網紅國民髮型師　盧志遠

現實與理想總是被放在天秤上衡量，這個天秤叫做勇氣，蘇瀅不止輸贏也同時代表了勇氣，很用力的撐住現實與理想的重量。

推薦序

「出來輸贏」的勇氣

國際影展優質導演　賴孟傑

我跟大家一樣，都是在 YT 裡認識蘇瀅，在她有自己的頻道前，對她的認識就是波特開些重口味玩笑的對象，直到擁有屬於自己的頻道成為 YT 表演工作者。

YT 表演工作者，其實比大家想的辛苦，在影視業內，觀眾對於演藝工作者相對比較尊重他們私生活，舉例來說，你不會在路上看見一個歌手，就衝上前去，叫他唱歌給你聽，也不會看到演員明星，就跑過去要求演戲給你看，但是網路表演工作者，卻要保持在網路上跟在平常時的形象一樣，於是他們沒有所謂的下班時間，他們得長時間維持人設，這是相當辛苦的。

下半年，我即將推出一部花了很長時間籌備，非常重要的戲，記得選角時對著劇組說，我要蘇瀅來演資深護理師這個角色，我是個不喜歡現場試戲的導演，我想蘇瀅第一次跟我碰面時，應該覺得導演怎麼只有聊聊天，沒試我的戲？可能沒望了吧……

在這之前，我完全沒跟她合作過，然後又沒有試鏡帶可以看，平台高層問我有沒有參考作品，我說 YT 上一大堆，你們可以看看啊，但是這樣的回答，好像讓平台更擔心了。

事實證明她可以，而且將角色駕馭得相當好，超出很多人的預期，拍戲的過程中，常常看她在休息區靜靜的待著，淺淺淡淡的笑容並不多話，我看見的是一股表演工作者的氣息跟眼神，跟在 YT 上形象截然不同，總覺得她應該是個有故事的人，才能散發這種氣息。

當蘇瀅把這本書給我的時候，一邊閱讀一邊回想拍戲時，她帶給我場場驚喜是因為，她在表演上下過的功夫不輸任何人，因為這本書我才知道她抱著多大的勇氣出來闖盪江湖，因為這本書，我才曉得她沒有放棄任何一個可以表演的機會，也因為她認真對待每次的機會，不管是舞台或是YT，我才敢放心大膽地，不需要試戲把角色交給她。

「輸贏」需要很大的勇氣，蘇瀅拿著這個勇氣去打磨自己的夢想，她想告訴大家，這個勇氣只要一點點就可以出發了，剩下的就是這在條路上有輸有贏，寫下自己的人生。

作者序

給有夢想的你

在你的心中，存在著一個夢想嗎？像是一隻巨獸沈睡在你的心底，遠看有些模糊，想要更近看清楚實際的模樣，又害怕醒過來無法存活於現實之中；但它確確實實的在你心裡存在著，因此覺得自己彷彿缺了一塊，無法滿足。

夢想，其實並沒有那麼遙不可及，它讓我確確實實地感受到自我的存在。這是一個完完全全屬於自己的人生目標，帶著純粹的慾望去追求，而這個強烈的感覺在追求的過程中，成為了最堅強的後盾，造就了一個迷人的冒險之旅。這趟旅程，勢必會比別人過上更艱辛的生活，甚至經歷過苦難過後讓你清醒許多，但也會讓你更清楚自己該往哪裡去。

穩定的收入得以生存，遠大的夢想是生活的核心，許多人總是在生存與生活之間難以抉擇。難道這兩者之間真的無法兼得嗎？這也是一直存在我心中的疑問，拼了命的想要同時擁有生存與生活，並且將人生大半時間的追求過程都寫進這本書裡面，但也因為是寫實的經歷，所以這本書並不像心靈雞湯，每一頁都是正向的勵志語錄，相反的，裡面有著許多追求夢想所經歷的現實殘酷面，也許是你以後可能會面臨的，也或許是你現在所陷入的泥沼困境。這些，都是我在追求目標時所付出的代價，看似辛苦，卻也是最彌足珍貴的足跡，讓我走到這一天。

這本書，獻給所有心中有夢想的你，希望可以帶給你不同的想法，內心有著更強大的力量，也不用像過去的我繞了一大圈路才找到方向。

這本書的內容，是按照時間軸將追夢的歷程分為四個章節：「初生」、「養成」、「破繭」、「展翅」。就像毛蟲成長為蝴蝶的四個階段，從漫長的成長期轉換成為全然不同的樣貌，在這裏就先簡單的介紹這些階段吧！

初生

大大的夢想往往都是來自於生活中的小小啟發，故事的第一篇就是從小時候心中種下那顆種子開始說起。國小國中時期，課表上始終沒有和夢想相關的課程，是人生中學習沈潛的開始。慢慢的，一步一步靠近心中的方向，終於在五專時期加入戲劇社，展開一系列追求表演的行動，並面對隨之而來的家庭革命。

許多學藝術的人對於家庭革命都不陌生，但其實這個革命從初期義務教育的九年時間就已經開始在醞釀了。當我們處在一個以主要學科為重的學習環境之中，藝術類型的科目從一開始就被歸類在邊緣科目，更時常被主要科目的課程以趕進度為由，時不時地被占據。大部分的大人都會跟你說：「等你以後讀大學，再去選擇你想要的科系。」

這句話，對幼年的我來說，更像是：「先好好讀書十二年，以後的事以後再說。」也許是這樣的困頓感，造就我提早偏離正規途徑的叛逆心境，國中一畢業就成了脫韁野馬，跌跌撞撞的為自己抗爭。

養成

從零開始，需要柔軟的身段與堅定的勇氣。第一次加入劇團，是儲備演員的身份，類似學徒制的生活就此展開。這段期間除了上表演課以外，也要身兼多職的成為機動性的幫手，所有事情都要從頭開始學習，在嚴厲的高壓環境中，快速的成長。

最扎實的學習就是從最基礎的工作開始，跟著草創期的劇團，參與製作一部戲的每一個環節，像是：小道具製作、布景製作、小道具管理、服裝管理與執行、導演助理……等。每一項工作都帶來新的成長，慢慢發展出屬於自己的做事方法，也在錯誤當中學習應有的態度。

表演方面，也歷經了第一次上大舞台的衝擊，面對前輩質疑能力不足的窘境。寶貴的一課，考驗著台上的表演能力和台下的抗壓能力。

從零到一的成長，無論是能力或是內在，都是鍛鍊根基的關鍵時期，也是現在回頭去看，仍然回味無窮的珍貴回憶啊。在這一篇章裡面，除了故事本身以外，也用了問答的方式，統整出自己的心得與方法，希望能夠帶給讀者不同的參考。

破繭

面臨蛻變，總是艱困的，就像是一個驗收的階段，帶著成長累積而成的養分，學會長大。

第一次擔任主角，體驗到伴隨而來的壓力與考驗，讓我意識到有些東西光靠努力是無法做好的，盡力以外更要盡心，學會把心神和角色融會貫通。理性的分析，感性的體會，才能跳脫「演」的狀態。緊迫的時間壓力以及導演給予的精神壓力，讓我終於突破自己，抓到角色的靈魂，完完全全的活在舞台上。

面臨了表演的蛻變之後，更在生活之中思考著，角色與自己的分界線在哪裏？在演出的過程之中，接到愛犬準備離開的消息，台上演出道別，台下面對道別。該抽離自己的情緒？還是將生命經驗化為養分，成為演出的一部分？這是成為演員之後，面臨心理層面的蛻變。

有了表演層面和心理層面的蛻變之後，持續思考著永遠都要抱持的問題「我可以如何變得更好？」上學吧！去學自己真正想學東西！毅然決然的離開家鄉，邁向人生的下一個階段。

在撰寫這一段章節的過程中，腦中不斷的冒出一位前輩曾經說過的話：「當一個演員覺得自己演得很好的時候，就是他完蛋的時候。」這句話警惕著我，永遠要追求更好，也是每一次突破自己之後，繼續尋找下一個挑戰的原因。演員，是個很奇妙的身份，隨著不同階段的人生歷練，創造出一個又一個獨一無二的角色，永遠沒有最好的表演方式，永遠尋找著更好的詮釋方式。

原來，破蛹而出才是開始。

展翅

成為演員的過程就像是過關斬將，闖過一關又一關，止以為像自己一樣堅持過來的人越來越少的時候，才發現這是競爭的開始。一開始以為競爭的對象是其他人，到後來才知道，大環境才是最後的大魔王。

進入學校後，學習的環境與期待有所落差，讓自己不禁開始思考著：學習的意義。提早進入業界的狀態，是框架還是優勢？心中掙扎著是否要繼續學業的同時，也問自己，我到底要的是什麼？

而長久依附在同一個劇團之下，是否已經慢慢失去了對外的競爭力呢？看著一個劇團快速壯大，快速殞落的過程，似乎也是自己在這條路上的寫照。流浪的日子並不好過，卻也帶給自己全新的體悟。

回到家鄉，開始實踐新目標：要單單靠著全職演員的身份養活自己。卻也接收到來自母親的最後通牒：一年之內沒辦法存到錢，就去做正當的工作。心中的志業，始終被歸類為非正當的工作，加上長期的窮忙生活，身心俱疲累積到了臨界點。我決定做出最後的奮力一搏，訂立出另外一個全新的目標，帶著一樣的初衷不一樣的新身份，重新出發，試圖推翻藝術等於貧窮的詛咒。

寫這本書的過程，其實也是重新整理自己的過往，看見了自己過去的不足與盲點，用現在的觀點在每一篇章節的最後，為每一個人生故事寫下新的註解。這個過程就像是俯瞰過去的自己，埋頭往前衝向心中的單一目標，而忘了抬頭看看世界。堅定的信念確實是追求夢想的必要條件，但也同時是雙面刃，尤其當堅持失去了意義的時候，就成為帶有盲點的固執。意識到自己的盲點，才是能夠繼續走下去的契機。

希望你在翻開這本書閱讀的過程中，可以得到些許勇氣和幫助自己走得更快更遠的新想法。

初生、

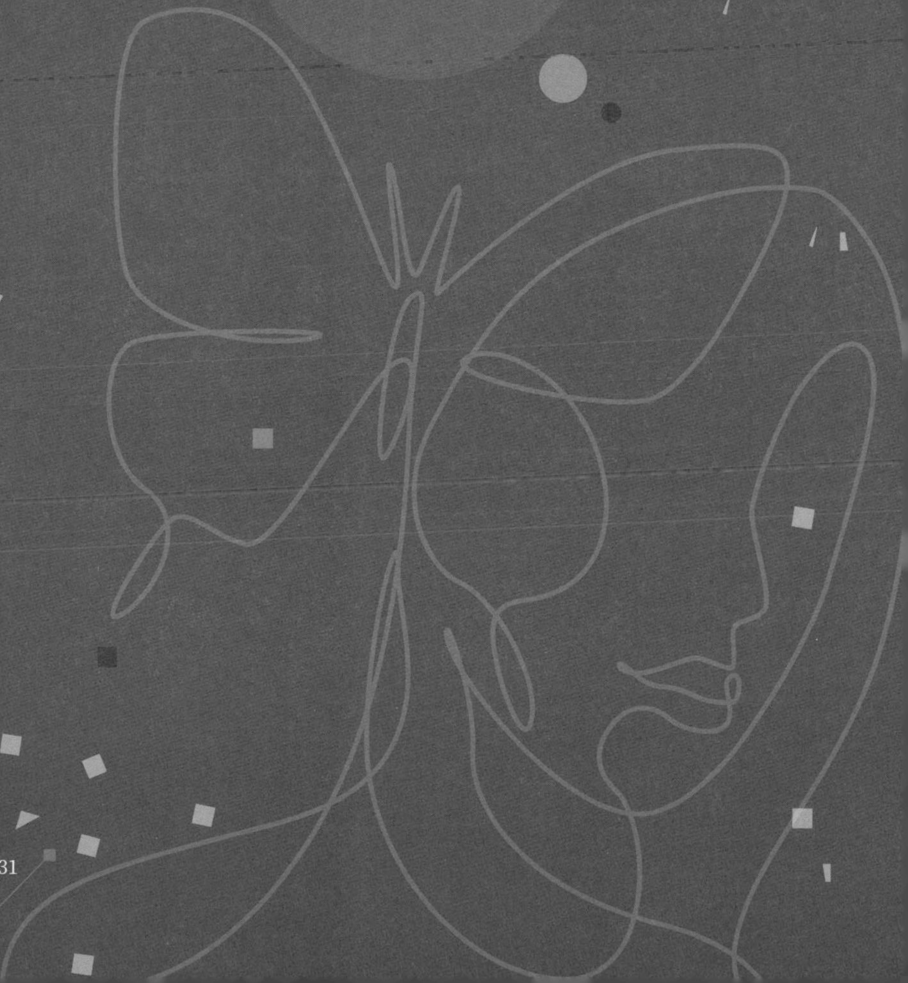

Chapter 1

夢想不能靠勇氣與熱情還要有不放棄的耐性與韌性

我小時候的夢想是當一名演員，而且意志非常堅定。

我也對於自己從小就能有著這麼固執的信念感到不可思議，究竟是什麼讓一個小孩能如此清楚的定下未來的夢想？究竟是什麼啟發了我？牛頓因為被掉下來的蘋果打到頭而開始找原因，因此發現地心引力；富蘭克林因為好奇衣服摩擦的靜電，進而找到電的傳導方式。**這些偉大的發現都是來自於平凡生活的啟發**。我也不例外，待在外婆家陪她看了一齣又一齣的連續劇，就是打在我頭上的蘋果，一顆又一顆的掉下來，一次又一次的強化我心中想要當演員的決心。

我來自於一個非常平凡的家庭，父親是職業軍人，久久才能休假回家，母親是家庭主婦，投入全部心力打理家中大大小小的瑣事。在我還沒上學之前，當母親需要出門辦事情就會把我送去外婆家。就這樣，數不盡的午後時光，不管是吃著西瓜伴隨著蟬聲唧唧的炎夏，還是裹著棉被窩在沙發上的嚴冬，我都和外婆一邊摺著紙盒子，一邊看連續劇。外婆摺紙盒子是沒在跟你開玩笑的那種認真，她會拿著厚厚一疊裁好的廣告紙，少說有三百張的份量，碰的一聲放在桌上，灑進客廳的金黃光線中，隨之揚起的塵埃在光的折射下，彷彿飄在空中的閃亮金箔，外婆自帶著這樣霸氣又浪漫的氛圍，用輕輕帶過語氣的說：「今天摺完這疊就好蛤。」那語氣輕如鴻毛，那捆廣告紙的量卻重如泰山。也因為這樣，我們有大量時間看一整個下午重播時段的連續劇。雖然我分不清楚外婆究竟是為了看連續劇而摺紙盒子，還是為了摺紙盒子而看連續劇，但我知道我除了練就出快狠準的摺紙盒子技術，還開啟了認識戲劇的大門。我開始知道演員這個職業，是跟著外婆看連續劇的午后時光開始的。

那時候的我看不懂連續劇，但是透過摺紙盒子的眼角餘光，我可以從外婆的反應感覺到「那東西」很吸引人，我直接看見戲劇對她的強大感染力。時而指著電視上講話很刻薄的女人，大罵她真的是很壞；碎碎唸女主角很可憐；感嘆改邪歸正的浪子何必當初。外婆目不轉睛盯著電視，忙碌摺紙盒子的雙手，總會在角色出了重大意外而停下來。慢慢的，從外婆的反應我知道誰是好人誰是壞人，我開始理解劇情。從一個旁觀者來看，我也見識到戲劇的魔力——「自我共鳴」。戲劇就像一面鏡子，透過角色的經歷喚起自身的生命經驗，角色的心境如同自身的感受。

有天下午，女主角面臨了人生的十字路口，處於想要離婚的複雜心情，淚眼婆娑的進行好長一段內心獨白，迴音特效加上催情音樂，外婆的表情如我預期的，比女主角更痛苦，就在女主角聽到有人叫她的名字，回頭露出驚訝表情的那瞬間，主題曲副歌也在這時候磅礡而下，我也就知道要進廣告了。悲情音樂瞬間轉換成感冒膠囊的輕快配樂，我心想：「也好，讓外婆緩和一下情緒。」外婆低頭繼續快速摺著紙盒子沒說話，過了一會兒，輕輕嘆了一口氣，慢慢說著自己被喚醒的回憶：「齁！你都不知道那有多痛苦！」

嗯……也對！身為一個還沒上小學的的孩子，要懂離婚的痛苦的確太難。

外婆繼續說：「那個時候跟你外公天天吵架，有一天吵到受不了，帶著小孩直接去戶政事務所要辦離婚。都已經簽完準備好要各自帶著小孩離去。小孩哭著說不要離開媽媽，跑來抱著我，怎麼拉都拉不開，小孩越哭越大聲，我也哭得比小孩還慘。就這樣，全家抱在一起哭得唏哩嘩啦，我就跟你外公說，不離了不離了！

那天全家人擤著鼻涕一起回家。唉！你齁！都不知道有小孩之後，一切都不一樣了。」

嗯……也是啦！身為一個還沒上小學的孩子，要懂有小孩的心情的確太難。

但是我看著外婆邊哭邊說，我也跟著掉眼淚，不是因為我理解大人的痛苦，而是我感受到外婆的情緒。演員感染了外婆，外婆感染了我。那天，外婆專注的把那一集完整的看完，桌上的廣告紙動都沒動。女主角最終克服困難，為自己的人生掙到了完美的結局，外婆才露出放心且滿足的微笑。

長大後有次無意間跟媽媽提起這件事，媽媽驚訝的表示外婆從來沒跟她說過這件事。如果記憶是一格一格的抽屜，那外婆那段回憶應該是塵封已久，並且是上了一道枷鎖的那一格。那場喚醒了這段回憶的戲，就是一把鑰匙，主角最後得到圓滿結局，透過自我投射在角色上的情感，外婆也間接地被療癒了。

小小年紀的我，無法理解外婆那個下午內心所激起的漣漪。但一顆心上上下下的，跟著外婆被劇情起起伏伏的情節牢牢吸引住，就好像是心被繫上一條線，隨著線拉扯的方向不斷擺動著。**演員帶我們走進另外一個世界，在那個世界被喚醒了真實的情感，有人知道你心中的痛苦、有人用精準的詞句講出了你的心聲、有人用勇敢的行動去做出改變**。最後，角色讓你看見希望。小小年紀的我，透過眼睛看著這個過程，也看見了演員這個職業的魅力。

那天，電視關掉之後，黑色的螢幕上倒映著自己的身影，我看著電視裡的自己，有個聲音在我心裡萌生：「我長大要當演員。」

從此之後，我抱著這個龐大又夢幻的夢想開始了我的生活。玩洋娃娃的時候設定如史詩般的劇情，跟同學玩角色扮演的遊戲時一起編織出悲歡離合的故事，看完電影之後我會在廁所鏡子前模仿著讓我印象深刻的各種神情。我的想像力在人生最無牽無掛的時期，帶著我遨遊在各種世界裡，同時想像著自己長大之後，當了演員可以詮釋各種角色的樣子。

直到我開始上小學，我開始知道原來小孩子每天要學習這麼多科目，拿到課表後我遍尋不到演員課這個科目。為什麼沒有演員課呢？那我以後怎麼當演員呢？我現在就想學習怎麼當演員啊！雖然抱持著這個巨大的疑惑，但是第一次要上國小的我，忙著面對生活中的大轉變：新環境、新作息、新同學、新的上課方式，每一次下課十分鐘的短暫遊戲時間，老早就把當演員這件事拋到九霄雲外去了。我開始專心的過著國小學生該有的生活，盡本分的學好課表上該學的科目。

我的夢想不在學科裡

我的國小時期，媽媽非常注重我的課業，那段時間我是長輩們眼中品學兼優的模範生，但也因為妥協了媽媽高壓的課業要求，種下了我往後叛逆的因子。印象最深刻的事，是在小學一年級放暑假前一週，我看到媽媽在餐桌上花了好幾天的時間，塗塗改改一本厚厚的「東西」。小時候非常會看臉色，尤其對於媽媽嚴肅的表情警覺性特別高，於是我對於桌上那本「東西」馬上產生了不祥的預感：「不要主動問那是什麼。」我趁著媽媽去廚房煮晚餐的時候，偷偷看個究竟，發現那是一本過期的日曆，厚厚的三百多張紙背後的空白處，是我下學期所有的課程。現在長大回想起來是有點感動，但是當下的我除了背脊一陣發涼以外，更多的是雞皮疙瘩。

跟我預料的差不多，放暑假的我每天都坐在餐桌「預習」。那時候不覺得自己悲慘，只是覺得有事做不無聊；直到有一天，要學習看時鐘。當時對時間毫無概念的我，突然之間要把時間量化，對我來說是用數字去定義看不見的東西，讓我覺得無法理解。處在這個混亂的狀態，我一直學不會看時鐘，加上媽媽也是第一次教小孩看時鐘，一直用同一種方式講解，我怎麼就是聽不懂。後來媽媽火了，決定跟我槓上，花了一整晚的時間軟硬兼施，僵持到凌晨四點媽媽失控開揍，整場戰爭是鄰居來按門鈴才休兵結束的。

從那天之後，我再也不願意去理解數學。

長大後回想，大概就是那次事件的心理陰影投射到看時鐘，看時鐘被歸類在數學科，所以我討厭數學。無論媽媽如何督促，我就是把數學爛給她看，有時候寫考卷，覺得自己可能會考及格，甚至會故意不寫答案，為的是要堅持拿不及格的數學考卷回家。媽媽後來也放棄了，她會安慰自己，至少我的文科總是高分通過。對於文字，我總是用心的去理解，因為心底想當演員的我認為，要當演員就要會背台詞，要會背台詞就要先理解台詞。

我就這樣一邊恨著數學一邊愛著國文，開啟了我的國中生活。踏進學校的第一天，我就到處問有沒有戲劇社，很可惜學校沒有開設這樣的社團。雖然心裡很失落，仍然繼續帶著這份「我的夢想不在學科裡」的遺憾，告訴我自已，再和數學搏鬥三年吧！無論如何堅持擺爛數學這個行為，在師長的眼中或許會認為我是個倔將的孩子，自己長大之後回頭看，我只看見一個困頓的小孩，遲遲找不到前往心中目標的方向。我想當演員的目標就像一座山，總是看得到它，總是在風雨中挺立在遠處，但我就是找不到靠近它的路徑。這樣就算了，每一條路還披滿了名為「數學」的荊棘，每天睜開眼睛就是要披荊斬棘，讓我心中充滿了無處可發的憤怒。

戲劇找回我的人生選擇權

幸好，國中三年畢業後，就可以面對多元化的升學制度。雖然無法像大學一樣可以馬上選擇自己夢寐以求的科系，但我可以選擇沒有數學的地方。我想讀藝校但我不能去，長輩認為那裡聚集了不讀書的孩子；於是我選擇了文藻，長輩覺得那間學校的風評好。當時完全不考慮繼續讀高中，因為我一心太急著脫離數學了。當我被允許選擇文藻後，我第一件事就是上網去查看是否有戲劇社，這一次，就像是中了樂透，尋尋覓覓的戲劇社，我唯一通往目標的第一條路，出現了！我拼了命地讀書，只為了順利進入文藻的大門，只為了戲劇社，永遠的跟數學說掰掰。我辦到了，推甄階段進了文藻，直接提早放假不用跟大家拚學測。當其他同學仍然在教室奮鬥人生時，我則是優雅抱著畢業紀念冊走在走廊，到處找有空的老師、同學們簽名留念。但是我很刻意的略過兇了我三年的數學老師，這位老師有著一顆閃亮的光頭，個子小小的卻擁有異於常人的強大氣場，上課的時候很兇，但是當別的老師情緒失控的時候，他是會從隔壁教室衝過來緩和場面的人。就這一點，讓我對這位老師產生了尊敬，他是少數可以將情緒發洩和嚴厲管教分得很清楚的老師。但也因為他的嚴厲，我的爛數學讓我們成為了彼此心中的那顆大石頭。

該面對的還是要面對，我的畢業紀念冊上只剩下數學老師的簽名還沒蒐集到。對於要不要找這位又愛又恨的老師簽名，我心中的矛盾到達了最高點。我想得到他的祝福，但是我不想面對他。我來來回回的在走廊上徘徊，沒來由地走去廁所洗個手再走回教室、坐在操場上的草地發呆。我想了很久才決定：既然要從此告別數學，就好好的告別吧！

我抱緊了畢業紀念冊，戰戰兢兢的走向教師辦公室，往裡面偷看一眼。啊！老師竟然在辦公室裡！如果老師沒在位子上，我就有理由下次再來，但老師就如同命中注定般的穩穩坐在椅子上，頭頂還在夕陽的照耀下，微微帶點閃光。就在我望著老師感嘆他為什麼就坐在位子上時，老師轉頭和我對到眼了。啊！為什麼要轉頭！如果沒有對到眼，我還有轉身的機會，但是對到眼就跑不掉啦！老師淡定的說：「進來吧。」啊！為什麼要叫我進去！如果你問我「什麼事」，我還可以回答「沒事」，就可以一走了之啦！別無選擇的我，帶著僵硬的微笑走過去，嘴巴僵硬到說不出話，直接遞上畢業紀念冊，老師抬頭看了我一眼，面無表情的接過。那時候我心中產生了千千萬萬個後悔來找數學老師的念頭，覺得自己數學這麼爛，經歷過這麼多中午一對一上課，然後無數次看著老師氣到離開的背影，我現在到底是哪根筋不對？要在我和數學老師的傷口上灑鹽？在我帶著僵硬微笑進行著悔恨的內心小劇場時，老師已經默默簽完名，準備拿起紀念冊時，老師嘆了一口氣，那口氣很長很深沉，甚至久到我覺得時間就這麼嘎然停止。我心想著，來了來了，準備接收負能量吧，都忍三年了，不差這一刻。

老師開口了：「對不起啊，沒有把妳教好。」

我愣住了，長這麼大第一次有人因為我數學不好而跟我道歉。我的內心被這句突來的道歉激起了各種複雜的情緒，就這樣排山倒海而來，在我還來不及做出任何反應時，啪的一聲，一顆扎實透亮的眼淚就這樣不爭氣地滑落因壓抑而顫抖的臉龐。從小到大因為數學差而面對的所有苦難畫面，像跑馬燈一樣閃過我的腦海，一天又一天、一年又一年，我面對數學的情緒從抗爭到憤怒到麻木，最後乾脆自我放棄。而對不起這三個字，讓我突然明白，老師並不是對我特別失望，而是他從來沒想過要放棄我。我繃著壓抑顫抖的下巴，很努力很用力的說出：「謝……謝……老師」，但是不想讓情緒突然在老師面前潰堤的自尊，讓我快速抱起畢業紀念冊跑出教師辦公室。我跑進廁所，不敢哭得太大聲，無聲的哭了許久。那些眼淚並不是悲傷，而是一種宣洩，一種長期壓在心中的巨大壓力，一種如釋重負的激動，全都在那一刻有如洩洪般無法停止。

不知道哭了多久，我終於哭完了。擦乾眼淚，我走出廁所，遠處操場傳來每天都能聽到的嘻笑聲伴隨著教室的朗讀聲，校園依舊如此熟悉，但我卻感到身心有著前所未有的輕盈。我完完全全放下了數學，我即將面對我拿手的文科，我終於有戲劇社課可以參加了！

第一次，我對於自己的人生擁有了選擇權；第一次，我覺得可以更靠近心中的那座山；第一次，我開始感到想當演員，不是夢。未來，在我的求學時期因為找不到方向一直是很模糊的，那一天我的未來開始透著一種亮亮的、暖暖的感覺，那種感覺，具體的說應該就是「希望」。

蘇瑩小叮嚀

reminder

你跟我一樣，在心底深處也有個夢想嗎？那個夢想似乎離你很遠，卻又像是一種與身俱來的渴望。

很多時候，當我們被現實壓得喘不過氣時，心裡不禁會冒出「放下那不切實際的夢吧」的念頭。如果你選擇妥協，其實是被自己打敗了，而不是被現實打敗。

歷經國小到國中這段似乎與演員夢無關的人生歷程，我始終把它放在心裡，雖然我找不到靠近它的道路，但我從來沒有放棄。

外婆的連續劇將這顆種子種在我心裡，而我在成長的過程，持續的澆灌它。我的夢想不在學科的種類裡，所以我把國文讀好，相信有一天會運用在演員這個職業上，我不斷的在等待，等待自己長大，等待自己找到這條路。

我等到了，也找到了，種子終於發芽了，看上去極其微小、脆弱不堪，但只要帶著信念，就擁有著堅韌的生命力。

追求夢想，不只需要勇氣與熱情。更多的是，必須具備生活在現實之中的耐性與韌性。

Chapter 2

真正勇敢
不是不害怕
而是克服逃避
和恐懼

你還記得自己年少時，一心追求夢想的模樣嗎？我記得。我記得當時自己雄心勃勃的熱切眼神，記得每一次踏入戲劇社教室心臟怦怦跳的感覺；記得每一次排練因為腎上腺素飆升而沒有食慾，一整天感覺不到飢餓的狀態。那時的我，每天都充滿著「追求」的渴望，無論遇到任何問題總是往前衝；那時的我，全身上下不知道哪來的勇氣，貫徹著「做就對了」的精神。

國中畢業後，踏入就讀五年的外語學院，一心只掛念著魂縈夢牽的戲劇社。報名社團那天，各個社團擺好了桌子，散布在操場旁的樹蔭下，人群三三兩兩漫步其中，悠閒的腳步像是在逛夜市，每個人都在和好朋友討論要選哪一個社團，只有一位滿頭大汗卻異常興奮的新生，抓著人就問戲劇社在哪？三步併兩步的往那個方向奔去。加入社團後那天晚上，我帶著微笑將「戲劇」這兩個字填入我的課表，我的夢想終於出現在課表上了！

國中國小時期我在班上一直是個參與感很低的學生，對於班級事務始終是個被動的傢伙，從來沒舉過手自願擔任幹部。班費也是一拖再拖，誰吵架了、誰喜歡誰了，也都只是默默看著，甚至還因為下課十分鐘都坐在位子上看劇情小說，而被老師打了極低的操行分數，理由竟是「不與人互動」。這位安靜得詭異的同學，加入社團後，反而像是需要被打鎮定劑的人。

「誰要當幹部？」我馬上舉手。

「繳社費囉！」我立刻拿著錢包站起來。

「誰要訂社服？」毫不猶豫說「我我我！」

「今天值日生是誰？」沒在考慮就回答「我來沒關係！」

踏出舒適圈，走在理想的路上

那時的社團老師是由在地劇團的演員們輪流來上課，內容是表演基礎概念以及練習；可惜的是，缺乏實際排練一齣戲的過程。日子就在積極學習的時光中飛逝，很快的就要進入社團同學們自己籌備一齣成果展的戲劇階段。在社長的帶領下，開始進入排練。毫不意外的，我變得更激動、更積極，目標就是甄選上其中一個主要角色。現在回想起來，當時的狀態就是：「做什麼都很起勁，但實際上並不知道自己在做什麼。」譬如說：排練前跟著大家一起做腹部發聲練習，但排練當下發現自己完全無法使用腹部發音說話；或是把台詞背得滾瓜爛熟，卻抓不到角色當下的心理狀態，從頭到尾都用同一種誇張的情緒去說台詞。我在每個當下都很努力，但是心裡很清楚只上過表演基礎概念的自己，其實一直找不到真正詮釋角色的方法，甚至連自己表演的好不好都不知道。這樣忐忑的狀態，就好像在一個狹小的空間裡不斷變化方向前進，不管是哪個方向，走沒幾步就撞上了牆，卻遲遲找不到走出去的那扇門。

這時候的我，意識到的一件事：「我必須去尋找真正能讓我成為演員的地方。」

這個想法，迅速地改變我人生未來的走向。也是我第一次踏出舒適圈，邁出能夠讓我真正開始成長的那一步。

當時只知道社團老師們所屬的劇團。專二時就有想過要去參加儲備演員徵選，只是那時未滿十八歲不符合甄選標準，加上還沒有準備好，就默默的放在心裡。雖然一年後我知道時間到了，但這個挑戰對我來說是個前所未有的探險。等了這麼久終於等到了，但這時候卻開始有點擔心、有些卻步。於是，我號召班上一群熱情的同學報名，一起籌備歌舞，每天午休和下課後聚在一起討論。從挑歌、排舞到一次又一次的練習，度過無數個共同努力的日子。眼看距離甄選日越來越近，老天爺卻在這時刻展現它的黑色幽默，跟我開了一個玩笑：「甄選前一個禮拜，颱風來了！」令人為難的是，往後順延的日期，卻和期末考撞期。

收到公布消息的那一天，我們這群同學再度齊聚在每天練舞的廣場，外頭的風雨不斷飄灑進來，這一陣又一陣的風，如同說來就來的颱風和說改就改的甄選日，我們就像是被風吹得不知所措的雨滴。雨滴從不同角度灑在我們沈重的臉上，灑進沈默的氛圍裡。所有人心裡都很清楚，準備期末考比興趣更重要，但是要開口放棄這些日子以來的努力也需要勇氣。我們決定讓大家自己作出決定，要繼續去甄選的同學留下來練習，選擇準備期末考的同學起身離去，所有的人心裡都有答案，但這種時刻需要第一個人站起身，其他人才有勇氣一一跟上。又沈默一陣後，終於等到第一位站起來的那位同學，其他同學也紛紛跟上，離去的腳步聲越來越多，直到只剩我一個人坐在風雨交加的廣場上。

我心想：「我媽要是看見我還坐在這裡，應該會想揍死我吧……」

那天，我沒有慌掉，我重新審視自己參加甄選的目的。我要成為一位演員，我沒有特殊才藝，但是我有滿滿的豐富情緒。於是我決定將排練一個多月的舞蹈打掉重來，我要用只剩下一週的時間好好的準備我的個人表演。我準備了一首歌，將這首歌帶入一個情境，隨著角色的心情設計動作、唱出歌詞，每天在讀書的空擋抽空準備著我的表演。準備的過程，我沒有想太多，就是投入所有的心思去創造。

理想之路只能自己勇敢的走完

甄選這一天來了。

我穿著去平價連鎖服裝店買的整套粉紅色運動服，深深相信著這是創造出的角色會穿的服裝，帶著整夜沒睡的黑眼圈，在當時沒有智慧型手機的年代，我已經將電腦上的地圖路線牢牢記在腦海裡，騎著摩托車來到了傳說中的劇團地址。

這是一棟座落在市場和巷弄間的古老三合院，踏進庭院裡忽然間隔離了外面吵雜的人聲，彷彿穿越了時空，走進了一旁還擺著幾個古老的大甕的寧靜的古厝。報完名拿到我的號碼牌「三號」，也就是我心裡認定的幸運數字。走到了後方一座搭建起的鐵皮屋，門內就是我心中神聖的排練場，門外是一排長椅，所有人都在這個等候區等待著。這個狹小區域帶著一股奇妙的氣氛，所有的等待者都是擁有著共同目標的人，卻同時又是彼此的競爭者。大家也許都因為很緊張，所以忙著練習自己準備的表演，不是自言自語的走來走去，就是坐在角落專心著念念有詞。我深吸了一口氣，心想著：「終於遇見跟我有著共同目標的人群了，但是無論如何我真的想甄選上。」於是，我也開始加入這一群練習到忘我的人群。第一次覺得自己終於不再孤單，不再是一個人了。

一號考生開門從考場走出來，臉上沒有太多的表情，立刻換二號考生面無表情的走進那扇門。我好像回到了小時候到醫院候診的心情，聽聽看裡面有沒有小孩恐懼的尖叫聲，拼命的想知道這個醫生會不會打針，只要有一個小朋友在看診間大哭，所有等候的小孩就會開始跟著想哭。但這次，是長大後的候診區，旁邊沒有安撫你的大人，進出那扇門的勇者們臉上都沒有表情，也不會知道走進這扇門後會如何的被檢視著。正當我陷入自己的思考時，突然被叫喚著三號的通知聲打斷。

「啊！來了來了！換我了！」我心中七上八下的催促著自己站起來，走向那扇神秘的大門。

打開門的那一霎那，因為太緊張導致臉部表情是緊繃的，回頭與四號對到眼神，才知道剛剛一號和二號考生面無表情並不是氣場過於強大，他們只是跟我一樣太緊張而已。走進了鋪著黑膠地板的排練場，眼前有一張桌子坐著幾個陌生的面孔帶著把人看透的眼神，霎那之間，我感到自己在這個空間顯得特別渺小，彷彿就要被巨大的黑色地板吞沒一樣。我嚥下一口口水，努力深呼吸試圖穩住自己的急促呼吸，其中一位評審打破了令人坐立難安的沈默：「開始吧。」

人在緊張的時候，腎上腺素會激增，幸好平時做了很多的練習，即使我在腦袋一片空白的狀態下也能夠直覺的呈現表演。那種緊張的情緒很折磨人，但也是我現在會偶爾回味的畫面，很多時候忘了自己曾經青澀模樣，曾經帶著狂跳的心臟一路跌跌撞撞沒退縮過的樣子。等我回過神時，我的表演已經結束了，下一關是即興表演，題目是洗三溫暖，我依舊是憑著直覺腦子空空的完成了。最後評審簡短的了解我目前是否能夠參與表演課程以及前來參加的目的後結束了甄選，我面無表情且心有餘悸地打開了那扇門，和四號考生彼此面無表情四眼互對地離開了現場。

這是我第一次參與甄選的過程，整個過程我並不知道自己表現的如何，當我真正的站在舞台正中央展現我自己時，我卻不知道如何展現自己。我帶著慌亂又失落的心情離開了這座三合院，我一直都想當演員，但是我開始不知道自己究竟適不適合當演員。要精準去形容這樣的狀態，我會說大概是因為太在乎自己追求的目標，所以太用力去追求，卻沒有任何經驗而手足無措，最後開始害怕自己會失去大好機會的心路歷程。

回到家後，我試著整理著自己的心情，試著用平常心去度過等待結果的日子。開始回想著這一路準備的過程以及終於踏進劇團甄選的經歷。我感謝那群曾經陪伴我並給予我勇氣的同學們，但是老天似乎在用它的方式告訴我：

「有些路，只能自己走。」

「因為，我一直相信我自己。」

很多的心魔不是別人給的，是自己生出來的。

如果你問我如何克服？

我會說：「不要想太多，專心的努力前進就對了。」

小叮嚀 蘇瑩

reminder

當自己一個人往理想之路走時，你會慢慢的學會沈澱自己，因為要自己邁出第一步，必須帶著勇氣，同時還必須學會和自己相處才有機會認識自己。

當你害怕孤單、留戀你所依賴的人事物、甚至是害怕失敗而心生疑慮，就是開始膽怯的時候。這是個必經的過程，沒有人一開始就知道怎麼走，也沒有人會知道未來會如何，但如果因為膽怯而不跨出舒適圈，你就不會知道你將會失去多少生命中的精彩。

我踏出舒適圈的過程的確充滿了不安，過程中也充滿了恐懼，我會因為自己完全是零基礎，站在別人面前總覺得自己卑微，但是我從來沒萌生過放棄的念頭。

Chapter 3

沒準備好不任意做決定一做決定就不輕易放棄

革命，是為了改變，改變一定會有犧牲。

國父孫中山為了改變，革命失敗了十次，犧牲無數英雄烈士的生命，讓無數烈士的親人哭斷腸。他自私嗎？我認為某種程度上是，甚至在實踐理念的路上是必須存在的。當一個人有著強大的信念去追求理想時，都是自私的，因為這會伴隨著犧牲，而這個犧牲值不值得？該選擇犧牲什麼？這是每一個追求理想的人都該思考的問題。

我曾經革命過，也犧牲了寶貴的東西，如果時間再倒轉一次，我一樣會革命，但我會用不同的方式，為的是希望能將犧牲減至最低。

自從參加演員甄選之後，每天回家第一件事就是打開電腦去劇團的網站查看公布結果。日復一日，心心念念的緊張感慢慢地隨著時間拉長不再那麼強烈，查看網站成了一個習慣，一個既期待又怕受傷害的習慣，習慣了網站沒有出現更新消息的頁面，反而開始害怕有一天打開突然出現最新消息。那一天，如同每一天一樣，回到家放下背包，慣性地精準按下電腦主機的開機鍵，趁著開機短短時間倒一杯水，回到位子上邊喝水邊點開網站，正拿起杯子的手突然停在半空中。網站上出現了最新消息，標題寫著「儲備演員甄選公告」。在黑暗的屋子裡，桌燈照在我的臉上，彷彿一道聚光燈打在我身上，上演著一齣獨角戲，角色即將面臨人生重大轉折的那一刻，房子安靜得彷彿連空氣都靜止了。我吞了一口口水，將水杯緩緩放下，滑鼠滑到標題上，準備按下的手指遲遲按不下去，決定再喝一口水，緊張到含在嘴裡卻忘了吞下去，深深吸了一口氣，面對終於來臨的這一刻。「噠噠」手指終於按了兩下，有那麼一刻我希望網路斷掉，但它彷彿也很好奇似的用了很快的速度進入了公告內容，一排名字映入眼簾，我努力尋找著自己的名字，那種感覺真的像是拿著一張樂透，只是這張樂透只有兩種結果：「頭獎或是什麼都沒有。」

口中的那一口水，隨著找到自己名字的那一刻，噴灑在電腦螢幕上。心臟在胸口快速地跳動，血液奔流在每一條血管，臉頰發燙，因為家人都睡了，我一個人坐在電腦前，嘴巴張得大大的發出無聲的歡呼：「我是一名儲備演員了！」

那天開始，我下課後就直奔劇團，任何事情我都主動幫忙，幫忙製作大小道具、整理戲服、摺演出傳單、發送傳單、打掃排練場、列印劇本。週末連上兩天的表演課程，從腳本發想、分組排練、找音效到呈現。每天回到家都很晚了，雖然累，卻是有史以來心裡覺得最踏實最滿足的一段時間。

不告而別的離家出走

當投入越多的心思在劇團，家庭革命也悄悄的開始醞釀。父母從來不過問我加入戲劇社的事情，他們認為小孩有自己的興趣是一件很好的事，直到看到我加入劇團後全心投入狀態，才發現事情好像不太對勁了。我想這就是我們一開始最大的分歧！我認為成為演員這件事從來都不只是興趣，也不是為未來的工作；而是我的志業，是我想要一輩子做這件事。

於是父母開始提醒我：「別忘了，你的本職是學生。」但我認為現在讀的科目和以後想做的事情完全不一樣，讀這間學校是為了逃避數學，為了戲劇社。在求學的路上，一直沒有我要的選擇。累積已久的困頓感，在自己殺出一條血路之後，有如一匹脫韁野馬變得無法收拾。當時年紀小，只知道自己想要做的是什麼，不懂得如何表達這些想法，所以繼續著三不五時就往劇團跑的行程，任憑著衝突像雪球般越滾越大的累績。可想而知，父母在說不動我之後，態度也越來越嚴厲，親子間就過著三天一小吵、五天一大吵的日子。

現在回想著那段與父母裂痕越來越大的時期，如果懂得坐下來好好溝通就好了。叛逆的行徑讓我回到家越來越孤單，父母的擔心與日俱增。這樣的狀態發展到後來，我與母親幾乎是天天任何大小事都能吵架，這個家的空氣彷彿瀰漫著瓦斯，任何一點動作都會引爆。直到有一天，母親情緒爆發對著我大喊：「你搬出去住！」

每天已經習慣爭吵狀態的我，聽到這句話並沒有任何情緒的起伏，相反的這句話突然點醒了我：「如果我搬出去住，我們彼此不是都會好過一點嗎？」

每天過得這麼痛苦，我怎麼就沒想過搬出去住呢？因為母親的一句氣話，被戳破盲點的我馬上開始思考能怎麼做。我想起班上一位同學前陣子跟我說她的租屋處隔壁的房客剛搬走，於是我打電話告訴她我要租下隔壁那間房。掛上電話後，我徹夜整理著行李，帶著愛貓，毅然決然的離開這個家，連告別都沒有。

從那天過後，我沒有跟母親聯絡過，父親成為我與這個家唯一的聯繫橋樑，我告訴他我租屋的地址，一切過得安好不用擔心，對於什麼時候回家這個問題始終沒有正面回答。靠著在劇團接演小型校園巡迴的微薄演出費用，勉強支撐著拮据的生活費，生活只有上課、排練、演出，經濟壓力讓我不敢有休息的時間，離家出走是自己做的選擇，加上因為母親那句氣話一直堵著一口氣，沒有退路的我持續過著窮忙的生活。

就這樣過了半年，有一天颱風即將來臨的夜晚，我拖著排練完疲憊的身軀準備回到租屋處，騎車的路上風雨交加，突然覺得很久沒吃水果了，尤其是我最喜歡吃的水蜜桃。經過水果攤我停下車，看見售價的牌子，想想這週的伙食預算，便打消了這個念頭回家了。一打開門，赫然看見共用客廳的桌上擺著一袋水蜜桃，我高八度的問同學怎麼會有這袋水蜜桃。同學說我父親稍早前來了一趟，因為颱風要來了，想確認我住的地方是否安全，順便帶了一袋水蜜桃。聽完之後，我拿起一顆水蜜桃小心地清洗、擦乾，咬下一口，想了很久的甜甜滋味在嘴裡散開來，眼淚也跟著掉下來，嘴裡吃到的是甜味，心裡卻擴散著五味雜陳的情緒：獨自一人扛著壓力和疲累、對父母的愧疚、想家、但是又不想放棄自己的堅持。這是我第一次意識到，在革命的過程中，我自私的犧牲掉與家人的關係，開始覺得不值得了。

風雨交加的夜晚，我躺在床上無法睡去，心裡也有個颱風在心裡刮著風下著雨，我為了自己到底傷害了父母多深？但為什麼他們就是無法理解我？是不是該讓他們理解我了？

一齣舞台劇開啟一家人的同理和認同

天亮過後，我還是沒有搬回家，一方面不願意參與劇團和家庭衝突持續上演，一方面也是不想被房東扣除押金，我決定要讓他們了解我到底在做什麼。我省下幾頓飯錢，跟劇團買了三張戲票，帶著父母去看舞台劇。

我請父親轉達母親看戲的日期時間，我決定在那一天，要回家帶他們去看這一齣戲。挑這部戲也是有特殊的意義，因為父母獨自在家的日子時常吵架，這齣戲演的是中年夫妻的婚姻危機，以及角色們如何從破裂的關係中找回最初在一起的情感。那天我回到家正要打開門時，屋裡傳來兩人激烈的爭吵，同時隱約傳來離婚這兩個字，我鼓起了勇氣拿著戲票打開門說「我回來了」，爭吵聲停止，取而代之的是壓抑的沈默。突然間覺得這個家變得好冰冷，父親與母親坐在餐桌前不發一語。有那麼一霎那我想轉身離開，我不確定我有沒有辦法承受這種情緒壓力，但因為戲票不能退票，而且是我努力存錢買的，當我這樣想的時候，貧窮思維帶給我勇氣，讓我打破沉默帶著他們出門前往劇場了。

走往劇場的路上，他們也如我預期兩個人一前一後的保持距離，板著一張臉。我怎麼也想不到第一次買票走進劇場看戲，會是這種狀況，有點期待，更多的是無奈。結束史上最漫長的路程後，我們終於到了目的地，想必我得坐在他們中間。劇場有一股把所有人瞬間帶入另一個世界的魔幻感覺，開演前三明三暗的燈光帶著神聖的氛圍，所有的吵雜瞬間消失。當我看著台上的演員演出時，我深深覺得舞台上在進行著一段真實的生活，伴隨著台下觀眾們的反應，讓我心裡產生了好大的衝擊，這些演員們現在離我好近好近，但他們正在做的事情又離現在的我好遠好遠。此時，台上飾演夫妻的演員正在上演吵架的戲，先生在氣急敗壞下吼出「離婚啦！」，太太望著先生呆了片刻，用盡全身力氣哭吼捶打著先生說「離婚！你終於說出口了！你終於說出口了！」。我看這段戲，突然將我從剛剛看待演員的想法跳出來，陷入巨大的尷尬之中，因為這是我們出門前家中才剛上演的劇碼，我還可以聽見母親在我左邊發出無法停止的啜泣聲，父親則是沒有任何反應的坐在我的右邊。就這樣，我們一家人熬到了中場休息。

燈才剛亮起，父親就起身往出口的方向離去。嗯……父親連戲都看不下去了，這下更尷尬了吧？我開始後悔帶他們來看這齣戲，我覺得我好像在幫倒忙。我和母親就這樣待在座位上繼續把下半場戲看完，戲裡的角色們在最後找回了愛，但真實的生活呢？還找得到嗎？

就在我往出口的方向走的時候，我看見了父親坐在最後一排，眼眶還是紅的。原來，父親沒有離開，他只是需要空間流露情緒。當我們三人會合後，再度默默地走回家。我不知道這部戲帶給他們什麼影響，甚至害怕自己反而在他們的傷口上灑鹽。我走在他們身後，在昏黃的路燈的照耀下，看著他們仍然維持一前一後的距離，有些難過。過了一會兒，我看見父親慢慢的往前走向母親，兩人並排著走著，父親的手慢慢的慢慢的牽起了母親的手。我哭了，我覺得我在這一刻，看見這個家的希望。

在這之前，我只是在做我想做的事情；在這一刻，**我看見了表演可以如此深刻的影響著別人，看見了這個職業的意義與責任。**

我再次確定，這確實是我想做的事。從那天之後，我的父母沒有再反對**我參與劇團這件事，我知道他們心中無法完全支持，他們只是在學著放手。對於父母來說，這需要放下極大的擔憂，對我來說，這就是父母辛苦偉大之處。我在學習如何當孩子，他們也在學習如何當父母。**

小叮嚀 蘇瀅

reminder

這是我革命的故事，你是否也曾經歷過家庭革命呢？如果這個革命尚未結束，那麼，我有些話想跟你說。

「請了解父母反對你的原因。」

大部分學藝術的孩子都會面臨家庭革命，尤其在亞洲。你可能都聽過這些話：「這個職業能養活你嗎？」、「你會不會浪費了許多時間到頭來卻一事無成？」當擔憂持續擴大，父母會更著急更氣餒，往往會用憤怒的情緒來表達，甚至說出傷人的話。但其實這些看似不認同的背後，其實都只有一個原因：「不

蘇瀅 小叮嚀 reminder

希望眼睜睜看著你受傷。」父母提出的問題，反而是你更需要去思考的問題，如果你無法回答這些他們提出來的質疑，那麼也代表你真的還沒想清楚。

「請拿出實際的目標和規劃。」

家庭革命很多時候，父母其實比孩子要來得更加恐懼，像是：學藝術的以後會很窮。當父母會有這個想法不是沒有原因的，確實很多實際的例子真的是如此，那把很多家長都嚇歪了，對於相關領域的未來發展充滿了不確定性，因此有著極大的不安全感。這種情況除了要耐心的讓他們理解以外，你也須要訂立出實際的目標和計畫。除了可以讓父母知道可以如何協助你以外，也讓自己可以清楚地知道你要怎麼做。

「父母最難的課題：理解，學著放手。」

當彼此想法不一樣的時候，你願意先去傾聽對方並且理解嗎？

舉個例子，我的父親小時候生活貧困，他靠著自己的努力慢慢地打造出安穩的家庭。因此在父親的觀念裡，安安穩穩的工作才是好的生活，這是他的成長歷程創造出來的觀念，所以我可以理解。但是相對的，

蘇瀅小叮嚀

reminder

孩子也需要父母的理解，穩定的生活真的能讓孩子快樂嗎？

當父母的不可能不擔心，但是當我身為一個孩子的時候，我就是害怕父母擔心所以生活在外總是報喜不報憂。與其釋放憂心，不如試著放手讓他去試試看，做孩子的後盾。用你累積的生活閱歷讓孩子知道你實際的看法，但是別否定他，同時也要讓他知道，即使深陷挫折之中也不否定自己。讓孩子成為一個不害怕失敗的人，而不是害怕他失敗。

最後，獻給所有準備追求夢想的人一句話：「沒有準備好，不要輕易做決定；一旦做了決定，不要輕易放棄。」

養成、

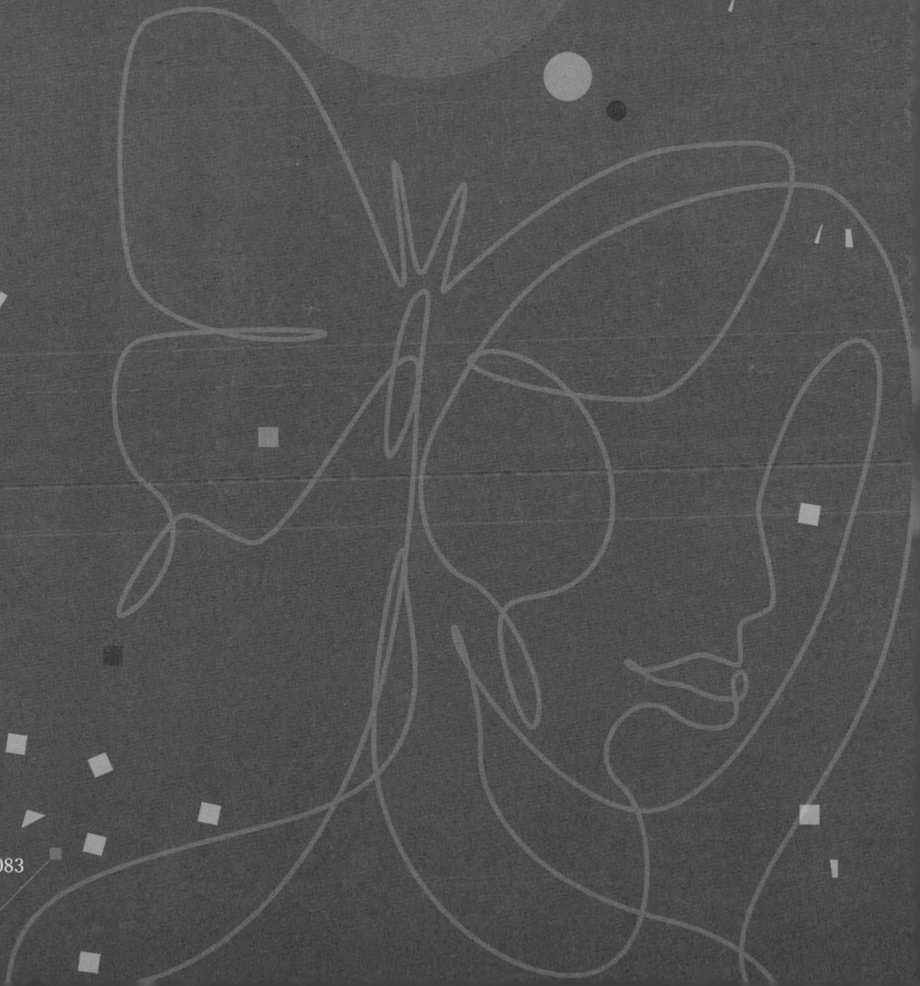

Chapter 4

有了自律好習慣 溝通不苦也不難

剛進入到一個新環境，多少都會有些不安，對一切感到新奇，躍躍欲試卻又害怕隨時可能會犯錯。這就是我剛踏進劇團的心情，身為一位菜到掉渣的菜鳥，在跌跌撞撞的過程中慢慢的發展出一系列的求生守則。我整理出幾個常被問的問題，這一篇就讓我用問答的方式來分享，有許多觀念至今對我來說仍然是受用無窮啊！

只要自律就會留下好印象

建立良好的印象其實很重要，畢竟這是別人觀察你是否能勝任職位的第一印象。對我來說，**與其給別人良好的印象，更多的是將自己準備好，「做好本分」就是最好的印象，但這是最基本也是最難的部分**。很多人都會覺得做好本來就該做好的事是應該的吧！但我始終覺得最基本的事，往往是最難的，尤其是「維持」。

剛踏入新環境因為戰戰兢兢的心情，所以任何事都會很小心的做好，但是人難免會鬆懈，隨著越來越熟悉內容，對環境越來越有安全感，**做好本分反而會成為最容易忽略的事，這種時候很需要建立起自律的流程安排。**

舉個最簡單的例子：「準時」。日常的排練通常短則三個月長則半年，舞台劇演員花費最多的時間就是在排練場，那是導演和演員們的專屬空間，共同創作著台上人物的生命，像是一個有著魔法的神秘空間。劇團的夥伴們大部分都是身兼多職的，社會人士有著白天的正職工作，學生也是在和各種考試搏鬥著，就連專職演員也是結束白天的演出接著來排練，因此排練的時間大多訂在結束一天行程的時間——晚上七點。因大家身兼多職，準時到達變成沒有那麼簡單的事，但從守時這件事就可以看見不同的態度。

你是「提前來準備」還是「只是提前到達」

提前來準備的人你會看見演員正在暖身，拿著劇本在場上走來走去念念有詞，隨時會停下來拿筆註記重點；音效執行確認機器能否正常運作、將播放的音效片按照順序分門別類放好，將每一片CD播放一次確認能正常讀取；道具執行將道具按照場次一一擺好，加工著需要修補的道具；服裝執行也是將每一件衣服掛上衣桿，將每一套的配件擺好，複習快速換裝的流程。在一個小小的空間裡，每一個人都認真的準備，讓這個空間醞釀著一種氛圍：「隨時可以開始有效率的工作」。

至於只是提前到達的人，他們的習慣就是滑著手機、聊天、補眠。這種類型的人有些微妙的分別，一種是該做的功課都做完了，可以比別人更加放心，另外一種是等等見招拆招的心情。同樣是聊天的人，上場排練時，前者就會以同樣放鬆的狀態呈現精準台詞融合自然的表演，然後等著剛剛一起聊天卻沒做好準備的演員翻劇本找台詞，接著就會聽到導演問：「剛剛怎麼還有時間聊天啊？」

只有做好準備的人可以不用準備，如果你沒把握準備好了，又剛好是新人，那就乖乖的做「提前來，是為了準備好」的那一種人吧！

你會「為遲到而準備好」還是「只是愛遲到」

生活中總是充滿許多變數，不可能永遠準時，雖然遲到本來就不應該，但是重點是遲到之後你怎麼做？

在我還是儲備演員的時期，我身兼演員和導演助理，曾經看見一位演員完美詮釋「為遲到準備好」的經歷。我在排練時間前半小時接到他的電話，他告知延遲抵達的時間，簡單清楚地說明遲到原因，並提出調動排練場次順序的建議，在我掛上那通電話後，我知道他已經看過當天的排練內容且思考過後才打這通電話的。而他的確在預計延遲的時間抵達，外套一脫掉就直接套上戲服，熟練地準備好該場的小道具，並安靜的看著正在進行的場次，詢問我戲是否有做新的更動，等到輪到他上場，他的表現就像他從頭到尾坐在現場一樣的進入狀況。

我實在太好奇了！為什麼他外套一脫就能直接套上戲服？為什麼他隨手一拿就知道他需要的小道具放在哪裡？為什麼他的對手都還拿著腳本時，他就算遲到了也不需要腳本？於是在排練結束，我想要知道他是怎麼做到的，就在我轉身搜尋著他的身影時，我看見他在跟所有的人表達他遲到的歉意，這又提點到我了。大部分的人只跟最重要的人表達歉意，公司開會只跟層級最高的人表達歉意，學校遲到只跟老師說對不起，演員遲到只跟導演點個頭說抱歉，但是這位演員記得大家是一個團隊，他意識到他的行為影響的是整體，而不是只有最重要的代表。

事後他跟我說，他在前一晚睡前就思考過自己今天的行程可能會耽擱到排練時間，於是他事先將排練的功課做好，擬定好調動場次的備案並打電話給道具執行和服裝管理，討論好所有物品的擺放位置，好讓他一到場就可以迅速取得，至於自己當天的服裝也思考過，裡面穿了一層內襯和較服貼的褲子，所以一到場脫了外套就可以直接套上戲服。

這就是他為了馬上進入狀況所做的提前準備。如果今天遲到只是遲到，所有的事到了再說，換來的往往是手忙腳亂又造成了整體進度的困擾，你對誰的印象比較好？在未來，當別人再度思考想和誰合作時，腦中冒出的自然會是好印象的那一位。

聽懂話才能說對話

不了解的事太多了，突然就要開始執行，怎麼辦？

不懂就要問才能成長

「不懂就要問」、「講重點」這兩句話是我很菜的時候，幾乎每天都會接收到的話，如果這兩句話可以累積集點的話，我應該是菜鳥界的黑金會員了。可能也是因為我個性好強的關係，每當我又聽到這兩句話時，我就帶著不甘心的心情開始思考：我該如何提出問題？如何更有效率的表達？就這樣這兩個問題持續成為讓我開口前先自問的思考訓練，漸漸的那兩句提醒出現的頻率越來越少，漸漸的被另一句話取而代之：「不懂的話去問蘇瀅」。**進入到新環境，每個人都有不熟悉的階段，這段時間不要忙著怕東怕西的，相反的要勇敢的讓自己去成長，成長的關鍵點是調整自己的速度要快，如果這個團隊是用跑的前進，新人更沒理由用走的速度去摸索。**

先來說說「不懂就要問」這句話吧。通常出現的時機點是犯了「我以為」這個錯誤，我以為你的意思是、我以為是這樣做的，但我要真心誠意的強烈建議，**犯錯的時候千萬不要說出「我以為」這三個字，這三個字就像是引爆炸彈的導火線**。被責罵的時候，只要記得，目的是為了釐清改正的方向，所以這個時候**第一步先仔細聽對方不滿的原因，確保自己聽得懂每一句話，聽完之後再講一次執行的方式，來確認雙方是否有認知上的落差**。一定要做最後確認這個步驟哦，同樣的錯不應該再搞砸一次。

如果你比較沒那麼幸運，對方在氣頭上，這時候心裡面就要穩穩的不能一起被攪進情緒的漩渦裡面。舉個例子，有一次我整理完腳本上要準備小道具，要跟導演確認道具的樣式和風格，一連問了好幾個比較細節的問題，偏偏那一次導演的心情似乎沒有很好（導演要處理的問題永遠很多）。

他被問到有些不耐煩了，皺著眉頭提高音量說：「你怎麼那麼多問題啊！？」

我回答：「因為我寧願現在被罵，也要一次把疑慮都確認完，才能把事情做好。」

導演突然愣住，似乎被這句話點了一下，他笑了一下，搖搖頭，用正常的語氣說：「來吧，一次確認完吧！」

我要說的是，**很多時候在別人表現出不悅時，我們第一個反應**

往往是先讓步。其實這個時候更需要先釐清狀況，跳脫卑微狀態，即使是新加入的人都不應該是卑微的，而是要為你崗位上的一切負責，成為讓這個團隊更完整的一環。

至於「講重點」這句話嘛，我知道聽到的時候心裡多少都會覺得說話被打斷了，覺得自己似乎不被尊重，但是如果你真的也開始不知道自己在講什麼的時候，心裡再不舒服都還是無法反駁對方。那個時候我都會好氣自己，顯得自己腦袋很混亂，感覺自己特別笨拙。有了幾次這樣的經驗後，我開始痛定思痛好好思考著我的表達能力到底出了什麼問題，並整理出這幾個心得。

開口之前先理解對方要表達的是甚麼

當我們和朋友、家人、伴侶相處的時候，因為很放鬆，所以常常會看到什麼就說什麼。但是這個習慣，進到工作環境後就得要切換成另一個模式了：「我要很清楚的知道我要表達什麼」。就像我以前排練時，很容易遇到問題就直接說出我的感覺，但是又說不上來這個感覺的原因，像是：

「我覺得這句台詞怪怪的。」

「哪裡怪？」

「就怪怪的啊，不像是這個角色會說的話。」

「你是演員啊，你要合理化台詞，或是換個方式說啊！」

然後我就用了一個我自己也不知道是什麼語氣的方式把那段台詞帶過了，但是心裡一直沒過去，卻也不知道該怎麼辦。

從這個例子裡面，我想要表達的重點是，不要像以前呆呆的我一樣，以自己主觀感受的角度來出發，首先我們需要先在腦中想過一遍「我現在遇到了什麼問題？」、「我需要對方給我什麼幫助？」。接下來，我們就用上面這段對話來舉例吧，如果時光倒流我會在開口前問自己至少三「層」以上問題。

我的問題是什麼？

台詞說起來怪怪的，因為我認為這句台詞和角色的性格與立場相違背，但是我現在想不出更好的台詞。

自己想不出來怎麼辦？

我希望導演可以理解我的問題，並和我討論出更符合角色的語句。

如何讓導演理解我的問題？

明確表達角色的性格設定和劇中的立場，並說明台詞和角色的衝突點是什麼。

如何和導演討論出更適合的表達方式？

可以用反問、引導問句。

好比先讓導演理解衝突點，再用反問或是引導問句的方式看看導演有沒有其他想法。

先找到最顯而易見的問題，再延伸出下一個問題，像撥洋蔥一樣，一層一層的剝開，才能找到問題的核心。慢慢的找到方向，就會知道可以如何開口了。

「我的角色性格設定是陽光直接的個性，這句台詞有點暗地裡諷刺他的朋友，我認為以他和朋友的要好關係，應該不會說這句話。想請教導演，這邊是要做角色個性上的轉變嗎？還是換句話說會比較合適呢？」

如果你希望對方給你多一點回饋，那麼你的結尾就要設定成問題，相對的，當你希望對方給你更多的方向，就要順著他的回答繼續去延伸你的問題。我們先預設導演這樣回答：

「角色個性沒變，但是這句話是他和朋友決裂的原因。」

「是因為這個角色故意用陽光的語調在酸朋友嗎？還是沒意識到自己傷到朋友了？」

「沒意識到。他神經大條，不知道自己講了不該講的話。」

開口之前除了要先思考自己希望得到哪方面的回應以外，也不要害怕問問題，因為很有可能對方也正在和你一起釐清狀況，找到更明確的方向。

先講結論、再說內容才能說清楚講明白

把結論放在開頭，一直是我認為非常好用的溝通公式。尤其在對方沒有太多時間聽你說話的時候，每句話都必須是重點，就必須建立有效率的對話。

舉個以前我擔任服裝執行的例子，進入到後期的排練時，服裝和道具都必須讓演員同時在場上實際練習，因次在過程中常常會發現問題。

「導演，這邊有問題，演員來不及出場。」

「為什麼會來不及出場？」

「因為在換裝時要整套換掉上一場的服裝，加上下一套服裝是排扣，所以要花……」

「講重點！」

我以前真的很討厭被這三個字打斷啊。覺得難為情又委屈，明明不是我的問題，又為什麼不聽我把問題說完。但是我現在回頭看，我真的覺得自己當時的問題很大！謝謝當時沒耐心又提醒我要講重點的導演，讓我在短時間之內意識到我的表達問題。如果是這段對話，如何先講結論再說明內容呢？現在的我會這樣說：

「導演，這場戲演員換裝來不及。因為下一套衣服是排扣要花比較多時間，而且演員一下場馬上就要出場，時間不夠。」

「這套服裝和後面的戲有關聯不能改成其他套服裝，那等等暗場後說書人先出來串場。來，所有人繼續。」

有發現嗎？原本的開頭只是單純的陳述問題：「演員來不及出

場」，在調整過後改為直接說出結論：「演員換裝來不及」，再補充說明來不及的原因。先說明結論的考量是讓對方可以在第一時間清楚的知道狀況，如果對方希望進一步了解問題的原因，再補上後續的說明。明確的表達問題，對方才不用問了半天才知道你的真正的問題是什麼。除了可以省去很多時間以外，也可以讓對方可以更快速的做出調整。

蘇瀅小叮嚀

reminder

從前剛進入劇團時常被嚴肅的叮嚀「不懂就要問」以及「講重點」時，總是會覺得氣餒，並且懷疑自己是不是總是造成別人的困擾？

如果回到過去，我會跟自己說專心聽這些話透露出什麼訊息，才能知道自己要怎麼調整說話及做事的方式。

慢慢練習如何問問題、如何講重點，一開始的時候一定會覺得大腦很累，為什麼一下子要想這麼多事，但其實這是一個習慣的養成，一旦你開始試著這麼做之後，大腦會慢慢熟悉這樣的思考模式，久了，就會變得越來越快速。

做好溝通工作的技巧

Q：如何贏得工作夥伴良好的印象？

A：每一次都自律的提前準備

Q：如何快速進入工作狀況？

A：❶不懂就要問

❷開口之前先思考

❸先講結論再解釋

Chapter 5

把簡單的工作做得不簡單才能把複雜事情做得簡單

工作能力其實只要用心，每個人都能夠慢慢變強，但我認為工作態度其實遠比能力更能影響未來的發展。雖然觀念是個很主觀的事，沒有絕對的對與錯，卻能夠很直接的帶來更好的結果。

用心在每一刻，就是珍惜每一次的機會

沒有一個職位是不重要的，雖然大多數的人都希望可以擔任能夠發揮專長的位子，也希望能夠勝任重要的職位。很多剛進入新環境的人都希望可以在短時間之內，讓別人看見自己的能力，包括過去的我也是如此，如果可以跟過去的自己對話，我會對自己說：「別急，**每一個過程只要你願意，都是很重要的成長機會。**」

儲備演員，是我進入劇團的職稱，顧名思義就是劇團訓練班的

演員而非正式演員，如同每個職業的新人階段，這段時期除了學習以外，兼顧各種大小事項，從打掃環境、發放宣傳品、大小道具製作、搬運大型道具……等，簡單來說就是工讀生會做的事，都包含在內。其實我一直很珍惜這段學習的時光，大部分的工作內容都是屬於執行類的雜務，換句話說就是不太需要花太多時間思考的事，反而讓我可以專心的像一塊海綿在看與聽之間吸收很多知識，尤其是觀察整個環境的運作模式，像是一齣戲成形的過程、專職演員的表演方式、團隊的特有文化、人與人之間的應對方式、演員們各自獨到觀點……等。

其中，我最喜歡的項目就是當環境演員（塑造環境的群眾演員），也就是大家俗稱的跑龍套。這個身份可能整齣戲只出現幾秒鐘，也可能每五分鐘就要轉換成另一個路人，忙碌的跑來跑去。這是我當時快速練功的機會，即使只有幾秒鐘上台的機會，我仍然會很用心的做好演員功課，在這短短的上台時間，把這個小人物發揮到極致。一齣戲當中，有可能會扮演至少五種以上的路人，我就有五種角色可以去思考如何創造各種不同的效果。**當你用心在每一刻，就是珍惜每一次的機會，就像你永遠不會知道什麼時候會被人看見。**

現在去回想當時慢慢磨練各種小角色的時期，除了是最沒有壓力且快樂的時光，也是為後來的表演奠定基礎的時期。無論在各行各業，最基礎的工作內容都可以是觀察學習以及純粹練功的單純階段，學會賦予它意義，便不會只是單純的等待。

把簡單的工作做得不簡單，才能夠把複雜的事情做得簡單。

把事情做好而不只有完成而已

接收到指令時先全面性的思考目的，執行時注重細節但不鑽牛角尖。

以前的我做事很急，接收到一個執行目標時，總是會為了追求效率而趕著執行，卻在匆匆忙忙之中白忙了一場，反而花了更多的時間重新摸索出正確的方向。繞了一圈回到原點的挫折，讓我學會開始分辨「貪快」與「效率」的差別。於是，當我接收到任務時，我開始學回先思考：「為什麼要做這件事？」，先了解目的後，才能夠很清楚的找到對的執行方向，如同上一篇提到的「開口之前先思考自己希望得到什麼的回應」，行動之前也是一樣的道理，讓事情不只是被完成，而是達到更好目的。至於執行時除了要認真的處理每一個環節以外，在面對突然產生的臨時狀況，也考驗著快速分析並果斷做出決定的能力。

舉個例子，在我擔任一齣歌劇的道具執行時，角色需要在排練階段配戴軍刀，在預算有限的情況下，無法直接購買也無法長期租借，所以我的首要任務就是想辦法找到替代軍刀的道具。

先思考目的性再行動

過往急匆匆導致白忙一場的經驗，讓我在第一時間選擇不花費更多的時間去尋找真實的軍刀（因為預算不允許啊！）。所以第一個思考的問題轉而是「為什麼演員需要在排練時就要有軍刀？」。我從導演和演員的角度推敲出幾個原因：打鬥的動作設計需要搭配軍刀練習，因為刀有危險性所以要讓演員在排練時就清楚抓出安全距離，加上佩戴在腰間的刀有重量，因此需要讓演員習慣佩戴的位子避免影響行動。從以上原因，我整理出替代軍刀需要符合以下條件：和演出時的軍刀擁有相同的「重量」、「長度」、以及明確的「刀尖」。

注重細節但不鑽牛角尖

列出替代軍刀的條件後，我將目標設定為「尋找木劍」，接著就是抱著有限的預算出發。第一個最簡單的方法是去玩具店、文具店尋找有沒有符合條件的木劍，很可惜的都是相差甚遠的兒童玩具，於是我轉而尋找製作真正木劍的店家，但是身為一個木劍的門外漢吃米不知米價，詢問之下才知道真正的木劍其實不便宜啊。奔波一天之後，時間的壓力越來越龐大，我意識到該是果斷的想出新方案的時候了，於是我決定用現有的手邊資源自己製作。為了和真的軍刀擁有同樣重量及長度，我找到了租借軍刀的店家，挑選正式演出要租借的軍刀時，仔細的測量刀的長度和重量，並且拍照。回到劇團後，我直接奔向劇團的道具間找了一根和軍刀寬度相符的木棍，將木棍鋸成相同長度，並削尖做出刀尖。完全沒鋸過木頭的我，把木頭裁切得像是狗啃的一樣，但是我心裡不斷在提醒自己，這種時候不能鑽牛角尖把大量的時間花在第一截木棍上，只能透過邊做邊優化的過程，盡量把下一把鋸得再好一點。木棍才切完成後，我仔細端詳著，心裡在思考著：「如果我是拿著這把劍的演員，我會遇到什麼問題？」。上上下下揮舞過後發現了幾個問題：木棍缺乏固定在演員腰間的設計、突出的小木刺握在手上會有刺傷的疑慮。於是我想了新的優化方式，用上一部戲剩下的海報，製作出劍柄，包覆整根木棍，就可以穩穩的配戴，並且不會有安全疑慮。

我用了幾個小時的時間，將替代軍刀製作出來，並且符合替代軍刀的需求以及零預算的考量。看著精心製作卻不甚美觀的成品，心中小小的成就感油然而生。在沒有製作道具的經驗下，如果要省時省力我也可以直接借到玩具刀來替代，輕鬆完成這項任務，但是無法達到替代道具的目的。先冷靜的思考目的，反而幫助我製作出了三把最符合需求的替代軍刀。

那一次，讓我深深的記得：「**事情本來就要做完，但更應該做好。擁有了這個觀念，就是出色的開始。**」

把每一齣戲當做第一次和最後一次在演

不論是工作或是生活，我們多少都會遇到重複性的事情，我知道這種事最消耗心神了。偏偏這樣的情況，是舞台劇演員最常面臨到的課題，大則巡迴演出，每個週末 接連著上演三到四次同樣的戲碼，小則校園巡迴，三天兩頭去不同的學校演著同一齣戲。

我一直記得，在我排練完校園巡迴小品的那一晚，帶著蓄勢待發的衝勁要加入演出的行列時，導演特別叮嚀著所有的儲備演員：「把每一齣戲當做第一次和最後一次在演」。當時的我 對於演出充滿著期待的心情，興奮加上躍躍欲試的新鮮感，並不了解這句話的意思，心想著能夠成為夢寐以求的演員，我當然會很認真啊！日復一日，年復一年，當我開始三天兩頭不斷重複著一模一樣的角色情緒，重複著一樣的笑與淚、憤怒、感動、壓抑，說著一樣的台詞，直覺性的進行一樣的動作，我才開始漸漸明白那句話的意思。

人不是機器人，不可能每一次都做到一樣精準的完美，也不可能不會覺得倦怠。但也因為我們是人，所以可以創造出比機器人

更好的選擇。同樣的戲，同樣的角色，會因為面對的觀眾不一樣，得到不一樣的反應，但有兩種時刻是不變的：「能夠打動人心的那一刻，以及觀眾沒反應的那一刻。」因此在一場又一場的演出後，我們都已經知道觀眾什麼時候將會大笑、感動，也會知道哪一句話將會冷場。這種時候，好的演員就會思考著如何保有最好的時刻，以及該在哪些地方做出些微調整，避免同樣的冷場再度發生。

「把每一齣戲當做第一次和最後一次在演」，在我後來體悟到的意思是，**找到做這件事情的初衷，同時也讓自己在做這件事情時，不留下遺憾。永遠要知道你為什麼要做這件事，並且找到樂趣，不要停止思考，不要用同樣的方式做著重複的事情，並且希望有一天會有不一樣的事發生。**

培養有效解決問題的能力

每個人都會遇到問題，想要解決問題的人基本上都能想出解決辦法。然而，要怎麼想出好的辦法，關鍵在於能否找到問題的核心。劇場，對我來說就是磨鍊出解決問題的能力的最佳環境，因為這是一個隨時會出現問題的地方，要在一個小小的空間裡結合演員、燈光、場景、道具、音樂等元素，就是個挑戰。在擔任導演助理期間，從自己解決問題到觀察別人的解決方式中，我整理出一套解決問題的流程，一直適用到現在。

學會發現問題

發現問題不難，但是找到問題的核心很難；注意到顯而易見的問題不難，但是要注意到累積而成的各種小問題卻不簡單。找問題除了需要專注的觀察力以外，也需要像偵探一樣，用一層一層抽絲剝繭的方式 去推敲出最源頭的問題。

這個體悟源自於一次大型舞台劇的排練經驗，在其中一個場次需要有大量的群眾演員要在短時間之內拿著不同的道具上下場，每一次排到這場戲總是特別混亂，出錯率特別高，經過數次排練之後場面依然錯誤百出，導演開始失去耐心，要我去找出原因再繼續排練。面對每一次都出現不同錯誤的狀況，我並沒有馬上請演員再次重頭練習，腦中想著要如何找到問題的根源。「先了解狀況吧！」心中冒出了這個念頭。於是我先集合演員一一了解出錯的原因後，我發現演員們其實都很清楚自己上下場的時間點，問題並不是在演員們身上，而是小道具，因為人多、時間趕、加上下場後燈光昏暗，眾人在手忙腳亂之中無法第一時間就拿到自己的道具。

於是，我轉向小道具執行人員著手討論如何規劃道具擺放的方式，取代讓演員們複習著同樣的走位。**發現問題，先找到根源，才不會浪費時間在不對的地方。**

隨時記錄並列出處理的優先順序

人的腦子所儲存的資訊是有限的，尤其要面對大量資訊的時候，越需要靠記錄來幫助自己快速的釐清解決的優先順序，也不會有所遺漏。在擔任導演助理期間，我總是有一本不離身的筆記本隨時記錄各種問題，上面別著一支有多種顏色的筆來標記出解決的優先順序。

承上個狀況，要和大家一起找到解決道具擺放的問題，我集合了所有的群眾演員和小道具執行人員，先將演員按照出場順序分成三組，用三種顏色記錄下小道具使用的順序，接下來只要在道具桌上分出前中後的區塊，拿取道具的問題終於解決一半了。

「隨時記錄，列出優先順序。」一直是我用到現在的方式，我仍然會在每天開工前列出今天要執行的項目，並註記優先順序，這個方式可以幫助我 一次專心做好一件事，接著很清楚的知道接下來進行的項目。除了可以優雅又井然有序的完成代辦事項以外，也可以掌握完成的進度。

先思考效率再行動

延續這個狀況，找到問題的根源：小道具的擺放方式雜亂，也討論出解決的方法：照順序分區擺放道具，接下來就是實際執行了。而這個環節，也是看見問題的過程，但若是多了一個步驟「先思考效率再行動」，除了可以幫助預見問題以外，也可以省去許多重複修正錯誤的時間。

如果可以有效率的執行，為什麼不呢？如果時間有限，那麼這個步驟就變得很重要了。

正常來說已經知道怎麼擺放道具之後，接下來不就擺上去就好了嗎？正當小道具執行人員正要放上道具時，我的腦中跑著等等所有會發生的流程，再度產生新的疑慮：現在只解決一次性拿取的問題，但是重複拿取道具的問題依然會發生，還是會再度陷入混亂。

提出這個疑慮之後，我們再度討論出新的方法：在道具桌上畫出每一樣道具的專屬位子，但礙於人數眾多要馬上這麼做會耗費太多時間好不容易解決了一個問題，又浮現出另一個問題確實考驗著每個人的耐心和腦力，在集思廣益之後終於找到了一個將人數眾多化為優勢的辦法：現場每位演員發一張小紙條，每個人將自己的道具名稱寫在紙條上，並將紙條放在道具擺放的位子。這樣一來，就可以快速的讓演員繼續進行排練，小道具執行人員也可以在排練之後，清楚記下所有道具的擺放位子了。問題總算解決了，排練順利的進行下去也讓大家心裡鬆了一口氣，心情也跟著輕鬆許多。

當我們面對的問題越多，時間越少，越不能跳過「想清楚」這個環節，找到對的方式比起心急的去嘗試不夠好 完善的方法，反而可以省去更多的混亂與時間。我很能夠理解，在有限的時間內還要花時間思考是一件很有心理壓力的事，那一次的排練經驗也讓我體會到主動尋求協助的重要性。找相關的人一起討論，一方面可以提醒大家意識到要共同解決問題，同時也提醒自己**不要總**

是獨自扛下所有的事，多聽聽不同的聲音絕對是找到更好辦法的方式。

制定避免重蹈覆轍的方法

我不害怕犯錯，因為那是調整自己的機會，但是關於犯錯我對自己訂立了一個原則：「**可以犯新的錯，但不能犯同樣的錯。**」新的錯誤帶來學習，舊的錯誤代表再次花時間在同樣的問題上。所以解決問題過後，必須找出「避免重蹈覆徹的方法」才是解決問題的最後一個步驟。

在那天結束排練後，我和小道具執行人員留下來統整著需要優化的執行方式，像是：演員使用完畢的道具需要放置一個統一回收的箱子才不會造成混亂、需添購更多的小檯燈解決燈光不足的狀況……等，我記錄著這些大大小小的筆記，將這些曾經發生過的問題與辦法存檔在電腦裡面。我相信現在遇到的問題，在未來同樣崗位的人也許也會遇到，這份檔案也許在下一次再度遇到新手道具執行時，可以成為快速交接的方式。當大家準備下一齣戲時，我們不用再度為了同樣的問題停下腳步，而是要發現新的問題。

小叮嚀

蘇瀅

reminder

在彙整自己從零開始到慢慢建立出自己做事方法的過程，實在是一路跌跌撞撞之下慢慢摸索出來的。新手階段不管是因為經常犯錯或是因為資淺而在環境裡不被尊重，難免都容易遭受責罵、被質疑，彷彿每天都有學不完的事、挨不完的罵，尚未建立起自信心的時候就開始懷疑自己。在懵懂的新手階段，我總是提醒著自己保持柔軟的身段來面對，彎腰時並非卑微，是讓自己在謙卑中學習，挺身時並非莽撞，是捍衛著自己負責的精神。

如果可以穿越時光對過去的自己說些話，我會叮嚀她：「把情緒攻擊的言語輕輕放下，好好收藏幫助自己成長的提醒。」

蘇瀅小叮嚀

reminder

與其花時間懷疑自己，不如把那些時間拿去想辦法讓自己變得更強吧！

調整好工作態度的秘訣

Q：工作太簡單怎麼辦？

A：用心在每一刻，就是珍惜每一次的機會。

Q：如何把事情做好？

A：❶先思考目的性再行動

❷注重細節但不鑽牛角尖

Q：培養有效解決問題的能力

A：❶學會發現問題

❷隨時記錄並列出處理的優先順序

❸先思考效率再行動

❹制定避免重蹈覆轍的方法

Chapter 6

當能接受批評與挫折
夜空中
就有星光指引

誰沒有遇過挫折?但是又有誰喜歡挫折?我,我喜歡挫折。

過去在挫折的泥沼中掙扎時,我也曾經痛恨過那種無力的孤獨感。那是一段必須要面對自己的痛苦過程。那種時刻我總是咬著牙對自己說:「撐過去,就是你的了!」我撐過去了,也終於磨練出超越自己的表演功力,如果時光倒流我依然會選擇讓自己面對那些感到挫敗的時刻,那些都是激發出潛能的速成班。在我成為正式演員的路上,我經歷了兩段讓我印象的經歷,也是開啟了我表演能力的開關,一次是我第一次踏上大舞台的過程,另外一次則是第一次擔任主角的過程。這些都是當初身為儲備演員的我所夢寐以求的機會,但是當我心心念念的機會終於來時,超乎想像的重擔卻讓我開始懷疑自己真的能夠扛的起嗎?

進入劇團之後的隔年,劇團準備將經典大戲再次搬上舞台,並且計劃首次全台巡迴演出。而那齣戲,就是當年我帶著吵架的父母去看的那一齣戲，因此在我心中有著特別的意義。身為儲備演員，不論負責什麼樣的工作，心裡想著只要能夠參與這齣戲，就已經心滿意足了。從觀眾搖身一變成為參與的一員，身份的轉換伴隨著一份與有榮焉的奇妙心情。我被分配到導演助理的工作，光看著演員名單就已經讓我感到興奮，一長串不陌生的名字是劇團的班底演員，光是對於他們能夠隨時駕馭各種情感，帶動觀眾的笑與淚，在我心中就像傳說一樣的存在，因為那是我覺得自己做不到的事。名單上還有一位特別演出的嘉賓，是劇團首次和資深藝人共同合作，這是我第一次近距離看見知名的公眾人物，讓原本就充滿期待的我更添緊張。

機會是留給願意接受挑戰的人

參與排練的過程，我看著演員們在排練場上拿著劇本和導演討論著詮釋方式、調整情緒到位的過程，總是看得出神，為什麼他們總能夠提出我沒想過的問題？為什麼他們能夠如此的從容自在？嚴謹中又帶著輕鬆，上一秒在角色的狀態裡，下一秒和導演討論時還能夠自在地展現幽默。擁有著豐富經驗的人，總是帶著一股讓我望塵莫及的強大氣場啊！我帶著這樣的心情窩在感到安心的角落，邊記錄著導演筆記，邊看著這些頭上自帶光環的人們工作的樣子。

有一天，有位女演員臨時請假，身兼多職的導演助理自然就成為臨時的代排演員，我拿著劇本走著這個角色該走的位子，深怕自己格格不入的狀態會影響其他演員，一邊硬著頭皮用 微微生硬的語調把台詞唸完，雖然只是替代的身份，但光是站在這群人之中，就像在茂密的熱帶雨林裡剛冒出芽的小樹苗，渺小到連太陽都照不到。排練結束後，我鬆了一口氣，帶著當晚的筆記走回辦公區域，準備將今天的筆記統整好交接給請假的那位演員。此時，電話響起，我接起電話，另外一頭傳來的聲音正是請假的演員，她說要找導演，導演接起電話後先是一陣寒暄，漸漸的不講話，這種沈默讓我更加專心的低頭處理筆記，但其實是把耳朵張大仔細聽著。

「真的假的？！好……嗯……我知道了，也只能這樣了……沒關係，妳不用擔心，這個我會處理。」

導演掛上電話，辦公室所有的人都抬頭望向他，臉上一致的露出「怎麼了？」的疑問表情。

「她懷孕了啦！不能接這個角色了。」

接著是一陣騷動，因為排練已經進行到一半的進度了，這時候要重新找人是件棘手的事。

「這時候要找誰啊？」其中一位夥伴馬上提出關鍵問題。

「好問題。唉～要找誰呢？」導演抓著頭，我感覺到他的眼神開始像燈塔的投射燈，搜尋著適合人選，掃射的目光就像灼熱刺眼的光線，讓我直覺的低下頭避開。我想，但是我不敢，我認為自己做不到。

「就你啦！」導演突然這麼說。

導助的直覺就是抬頭看看是哪位幸運兒，準備接收這個角色堆積如山的交接筆記。咦？！導演直盯盯的看著我！

「我？」那一聲確認的音量微弱，明顯的因為受到極大的驚嚇而提高音調，並且呈現出到位的破音。

「要不然我現在找誰啊？你最清楚她的戲啦！」

「可是……」

「去準備角色功課吧！明天開始來排練。」

接下來我的腦袋一片空白，那天怎麼回到家的都不知道。

當挫折來時，我們缺的不是能力而是信心

隔天排練，導演宣布了這個更動，我在大家的目光之下，怯生生的走上排練場。這一年的時間裡，我有多少次希望自己站在這

裡，但我沒想過的是當我站在這個位子時，我卻深深的覺得自己能力還不足，而感到不知所措。那一年我十九歲，只上了一年的表演課，曾經在校園的舞台演過十五分鐘的小品以及表演課的課堂呈現，甚至還沒談過一段深刻的戀愛，突然之間我要成為一位三十五歲準備面臨要離婚的女人，要在台上表現出壓抑的微笑、內心痛苦的掙扎、最後流露出潛藏已久的悲傷、情緒潰堤。我太年輕了，不只是真實的年紀，還有在人生經歷這部分。不出我所料，導演花了許多時間在琢磨我的情緒，漸漸的進度落後，漸漸的一旁的演員等得不耐煩了。資深藝人的耐性被消磨殆盡後，也直接面露不悅，終於，他開口說話了。

「導演，為什麼要找她來演啊？」

氣氛突然之間凝結起來，彷彿他說出了大家心中共同的疑問，沒有人接話。我站在排練場正中央，頭低低的不敢和任何人對到眼，因為我知道大家都在看我的反應。那句話深深重擊在我心裡，雖然我也一直抱著這樣的疑問，不認為我配得這個角色，但是當這句話在眾人面前由別人口中說出來，瞬間將這個疑問的強度拉到承受的臨界點。我果然拖累到大家了，不應該這樣繼續下去，難堪、愧疚的複雜情緒不斷升高，讓眼淚在眼眶打轉著，匯集成越來越重的水滴，正當我想抬頭對導演說找別人吧……

「因為她做得到。」導演在這一刻打破沉默。

我把頭轉向後方，本來的眼淚因為無地自容而在眼眶打轉，霎那之間因為這句突如其來的信任，因為感動匯集成一滴滴扎實的水珠，滑落臉頰，嗒一聲，重重滴落在黑膠地板上。從那天之後，我開始用著各種方式去試圖感受著這些複雜的情感，既然我無法由內而外去表達，那麼就由外而內吧！慢慢的，我克服了對我來說最難的哭戲，即使做到了，每一次還是都得全神貫注的用盡心力才做得到，雖然無法保證每一次都能夠精準，但我也使盡全力開始搖搖晃晃的邁開步伐了。那位資深藝人不再說話，但我們始終保持著一段距離，那段距離其實是可以跨越的，只是每一次看見他都會想起自己的不足，而遲遲裹足不前。

真心話雖傷人，但會幫你看清楚事實

每當我想起這段經歷時，其實心裡慶幸我感謝他當時說出了那句話，我相信他當時也說出了很多人心中的疑問，但也因為那句話，讓我接收到導演的信任，激發了克服困難的精神，從此開啟了哭戲的開關。回頭看這件事，我想當初那句質疑的話，目的不在傷害我，而是站在作品整體水平的呈現而說出了真心話。**真心話，**

確實傷人，同時也帶著你看清楚事實，你可以選擇放大受傷的感受，也可以選擇將重心擺在如何努力跟上大家步伐。沒有真正的壞人，只有不一樣的立場。

把重點放在對的方向，才能夠與挫折同行，絆腳石會讓你跌倒，也可以爬起來拍拍膝蓋，拿來當作墊腳石。

說到哭戲，時至今日，每當有人跑來問我當初如何克服哭戲時，我還是會一時之間不知道如何解釋這種奇妙的開關，雖然有很多不同的方法可以做到，但是要真正抓到情感的精髓，卻是很難用言語去表達的。就像生活中哭泣的時刻很多，卻有著不同的心境，很多不同的層次。透過那齣戲的磨練，讓我學會用一顆柔軟的心去進入角色，專注的感受，很多情緒自然而然的就流露出來了，如果要確切去形容那種感覺，就像是找到了一個開關。

小叮嚀 reminder

蘇瀅

我們往往總是在證明自己之後才願意相信自己，但我們更應該在跌倒的時候，就帶著這樣的信念。挫折不可怕，可怕的是它伴隨的挫敗感容易讓我們生自己的氣、貶低自己、放棄自己。那時候的我都萌生過這些念頭，因為太急著想要證明自己了。如果你完全可以體會這些感覺，那麼我們都該試著把急迫的心情放慢，學著鼓勵自己，把內在的力量變得強大而溫暖，才能夠穩穩的走得更遠。感謝當時質疑我的人和相信我的人，他們教會我「要學會相信自己，要先把光放進心裡。」

至於那時候的我有著挫折復原力嗎？我認為不算有，更多的是靠著外力的激發，才萌生出不放

蘇瀅小叮嚀

reminder

棄的精神。在一個痛苦的階段要放棄很簡單，馬上就可以回到輕鬆的狀態，但是比起不放棄，卻獲得了意想不到的精彩。真正擁有挫折復原力的過程，是另外一個故事了，請翻開下一頁吧！

破繭、

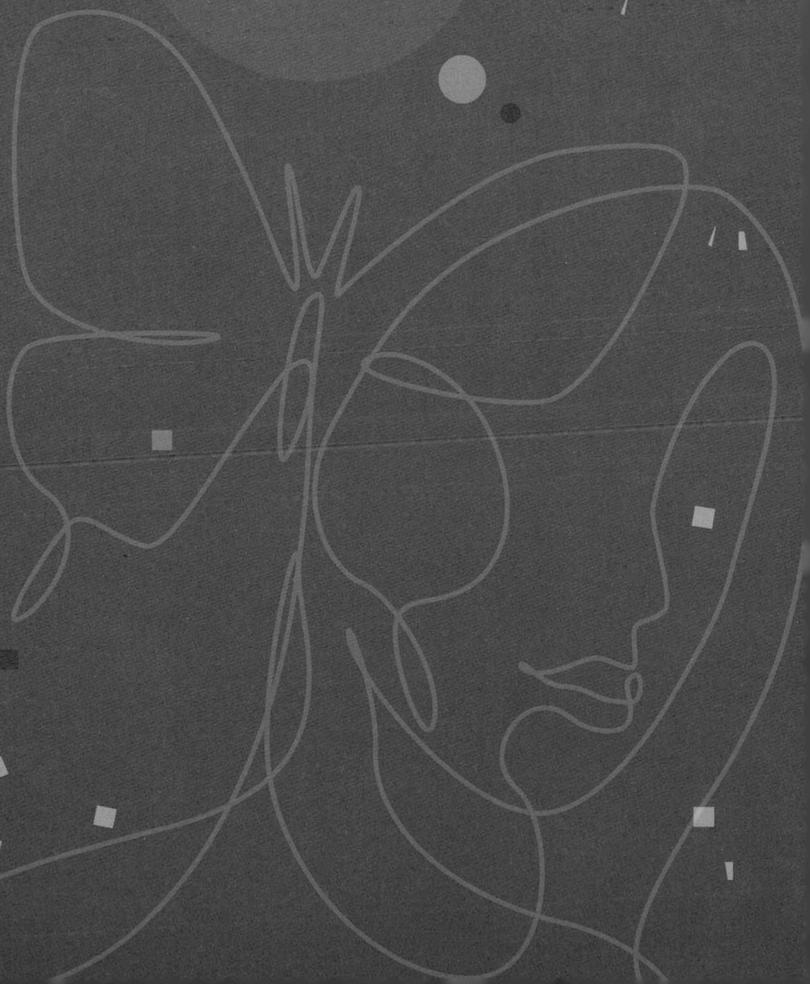

Chapter 7

持之以恆
不逃避不放棄
就能鍛鍊出
挫折復原力

蛹化，需要堅定的內在和完全打破自己框架的勇氣，這個階段是痛苦且危險的，永遠窩在蛹裡面？還是成為蝴蝶？

每一項專業不論多麼打從心裡堅定的愛著它，都有著一個難以突破的瓶頸，尤其是邁向專精的那一步，彷彿就是一條劃分出專業或只是業餘的分界線。這一步得走很久，也有很多人抱著恨鐵不成鋼的精神，跑著，想盡快跨完那一大步。不論步調是快是慢，在這個追求的過程，你是如何面對每一次的失敗？快速忘掉疼痛快速爬起來繼續跑？坐在原地思考如何繼續，再起身？這個問題沒有正確的答案，只有一個不變的原則，**永遠不要被自己打敗**。

經歷第一次上大舞台的經驗，彷彿像一個小孩終於開啟了一道厚重的大門，門後五光十色的光線照射進來，耀眼的光芒讓眼睛一時睜不開，揉揉眼睛踏進門的另一邊，放眼望去是充滿無限可能的全新世界，開始下一個階段的各種挑戰，遇見各式各樣不同的角色。雖然在表演課裡已經練習了各種不同的表演方法，但是真正進入到正式演出的排練時，卻好像又回到了一張白紙的狀態，我知道如何找到動作的動機、如何處理台詞的語調，但是如何抓到角色的靈魂，我卻毫無頭緒，如同看著一幅抽象畫，怎麼看都看不懂。完全的抓到角色，也是在排練場裡磨戲的主要項目之一，也是真正塑造我成為演員的歷程。這篇故事，是我印象深刻的破蛹過程，賦予我擁有真正的挫折復原力，也是人生中第一次擔任主要角色的回憶。

勇於挑戰極限，潛能就會出現

有一年，劇團要推出過年的賀歲劇目，演出前一週完整的腳本才出來。拿到腳本的時候，紙張上還殘留著印表機的熱度，帶著時間緊迫的壓力和對於角色、故事的好奇心，迫不及待地馬上翻開閱讀。這是一家人回老家過除夕，吃團圓飯的故事。年老的外婆患有有老人癡呆症，現實和回憶經常分不清楚；在外忙碌賺錢養家的單親母親，長期背負著一家生計的重責大任而塑造出強勢的個性；在美國讀書的女兒，第一次帶著國外的男友回家；以及一位長期不回家的小叔，始終在家門外徘徊。在大家團聚的日子，也將每個人不同的人生問題、不同的決定縱橫交錯在一起，在飯桌上引發了極大的衝突，面對崩壞的老家、殘破不堪的家庭關係，老人痴呆症時不時就發作的外婆，仍然極力想要找回圓滿的家庭。為時九十分鐘的演出，主軸圍繞在這個家的三代女人身上：外婆、媽媽、孫女。就在導演一一公布演員飾演的角色時，結果讓我驚訝到下巴掉下來，我演的不是媽媽也不是女兒，是六十歲的外婆！當下真的說不上是開心還是擔心，一方面非常感恩導演信任我的勇氣，決定讓我面對這樣重大的挑戰，一方面鑒於之前光是揣摩中年離婚婦女的心境就已經如此吃力，那時面臨困境的痛苦其實讓我心裡有著恐懼的陰影。抱著這樣複雜的心情，我還是接下了這個挑戰，我心想，不管會遇到多大的困難，就遇到了再想辦法去面對吧！

那年，我二十三歲，飾演六十歲的老奶奶對我來說，根本是越級打怪。但我沒有拒絕，在我的骨子裡就是有著一股好強的企圖心，想要藉由不斷地挑戰自己，來證明自己的能力。如同大部分年輕演員一樣，渴望想要被人看見。這個腳本的創作靈感來自於編導看見自己家人相處的過往而撰寫出來的，因為非完全杜撰出來的故事，對於每一位參與的人更肩負著要好好把這個故事呈現出來的責任。抱著劇本走出劇團，我直奔回家，開始列了一個清單，上面都是我所能想到如何準備角色的功課，那時候有個很明確的目標，我要求自己演出的奶奶不能像是年輕人裝出來的樣子，我要每一個動作、走路的重心，從頭到尾都是同一位老奶奶。因此，每天下課後我都會固定去一個公園，觀察在那裡散步的每一位長輩，看著他們行走的樣子、說話的樣子，看著看著就坐了好幾個小時。隨著排練的時間越來越近，我發現這樣下去好像不是辦法，每天觀察不同的長輩，卻一直沒有明確找到我心目中老奶奶的樣子，我必須要找到更有效率的方式來貼近這個角色。

編導常說，在寫這個故事的時候，時常想起自己的奶奶，那麼我就去拜訪編導的奶奶吧！那天，編導的一群親戚在奶奶家樓下烤肉，遠遠的望去是一棟座落在路口的小房子，在其他住宅大樓之間，這棟小小窄窄的三層樓矮房顯得特別古老而寧靜，像一隻平靜睡著的老貓。推開門，撲鼻而來的也是一種古老的味道，像是翻開一本發黃的舊書本，同時參雜著一點中藥材的獨特香氣。窄小的樓梯，一次只能通過一個人，走進了奶奶的房間，牆上床頭掛著一幅又一幅孩子、孫子孫女的照片，以及無數不同時期拍攝的全家福，看得出來，奶奶很重視家人。奶奶的皮膚白皙，一頭白髮梳得很整齊，坐在床上看著電視，我叫了一聲奶奶好，她轉頭露出微笑，很真誠的跟我打招呼。

我指著牆上的照片說：「奶奶，您房間掛了好多照片，他們是誰呢？」

奶奶開始一一介紹相片裡的人，介紹到其中一張照片時，奶奶停住了，嘆了一口氣，停頓了一下：「這小子啊是我兒子，出去像丟掉一樣，都不回家的……唉~不說了不說了。」

奶奶的眼裡一開始像是生氣，慢慢的是更多的悲傷，也許是怕這個遺憾永遠都在，所以乾脆不提了。其實那時候，我的鼻子突然一陣微酸，因為照片裡的人是編導已經過世的父親，大家因為怕奶奶太傷心，瞞著她這件事，都說他在外地工作。我眨了眨眼睛，努力想轉換話題，看見奶奶正在抓手。

我問：「怎麼啦？被蚊子咬了嗎？」

「沒事的」，奶奶笑笑的揮揮手。

我接著說：「奶奶，止癢藥放在哪裡呢？我幫您擦藥吧！」

奶奶回話說：「就在前面的櫃子上。」

我拿了藥，幫奶奶擦藥。她的眼睛一直看著電視，但又好像沒有在看電視，突然頭偏向我小聲地說：「你別讓他們知道啊，怕他們擔心我。」

和奶奶結束了短暫的聊天，我走下樓想著奶奶連被蚊子叮都怕家人擔心，是不是奶奶心中其實想過他那位兒子可能永遠不會回來了，但又怕家人擔心她難過，所以一直不戳破這個善意的謊言？

那一次的拜訪，讓我看見身為一家的長輩，即使有著家人的呵護，但心裡明白的事不比年輕人少，心裡的擔子也沒有比照顧者輕。這大概就是劇中奶奶的心境吧！用自己的方式維持著家，把自己的苦放在心底。看見了另外一層的心境，讓我覺得稍微貼近了角色。

練習對困難事物堅持就不會輸

真正開始排練的時間只有三天，每位演員都是戰戰兢兢的走進排練場，台詞都已經在腦子裡了。第一天，不太順利，雖然我講的出臺詞，但是臺詞不像是角色本身說出來的話，即使努力想要讓一切看起來更自然，卻總覺得自己一直處在一個尷尬的狀態。那天，導演很努力的引導著我要往哪個方向走，但是我的根本問題是我還沒抓到角色的狀態，大量的台詞、大量的跳進回憶又跳回現實，腦子同時接收大量的訊息，讓我一下子無法完全消化。到後來，導演生氣了，拍桌離開，要我回家好好理清楚，明天再排。四位演員即將面臨後天的演出，被沈重的心理壓力壓得喘不過氣，彼此拍拍肩膀，安靜地收拾繁複的道具，各自低著頭回家。

那天回到家後，我低落到一句話都不說。我氣自己明明做了那麼多的功課，為何在呈現的時候卻一團亂？我氣自己都什麼時候了，怎麼能在時間這麼緊迫的情況下延宕大家的進度？這齣戲對大家的意義重大，卻敗在我身上嗎？挫敗感轉變成自責，然後成為不斷累積的怒氣，我坐在房間裡心裡交戰時，突然想到明天一早要繼續排練，抬頭看了一下時鐘，驚覺已經坐在椅子上一個小時了！突然間我好像醒過來一樣，發現自己浪費了一個小時在責備自己卻什麼事也沒做。於是我馬上起身去梳洗，頭腦都清醒之後，把今天導演給的筆記重新消化一遍，重新理著角色方向。我攤開了一張紙，畫出故事線，在線上標註出跳進回憶的關鍵點，列出回憶的情境和時間，塗塗寫寫之中，用自己的方式建立出屬於角色的時間軸。**這個成功的第一步讓我覺得這一切愈來愈有趣，害怕去做的事情往往第一步都是最可怕的，一旦邁出了那一步，就能專心投入而且停不下來。**

我拿著那一張時間軸，開始用自己理解的方式註記在劇本上。接下來最關鍵的練習就是：實際的揣摩，讓這一切在腦中的想像用身體來記憶，實際地做著動作、說著台詞、並帶上角色的情緒。

那一個晚上，我將另一間房間清出一個可以讓我走動的空間，拿著劇本、替代道具，從頭開始身歷其境的進入了角色，有任何一個忘記的地方就重複排練到記得為止，一直練習到我記住每一句台詞、每一個觸發進入回憶的關鍵點。為了讓角色一氣呵成，除了熟悉每一個片段以外，也不斷的從頭走到尾。就這樣，不斷地不斷的練習，一齣九十分鐘的戲，我忘了從頭到尾總共練了幾次，等我走到了最後一次，每一個動作、眼神、台詞都完整的呈現完，我累癱躺在地上，露出了大功告成卻虛脫的微笑時，鬧鐘響了。準備去排練了。

腎上腺素是個很神奇的東西，它會在短時間讓一個人不覺得餓、不覺得累、不覺得疼痛。那一個晚上，是壓力激發出我的腎上腺素，擁有清楚的思緒徹夜練習，也因為有了充足而踏實的準備，讓我開始有信心在排練場上發揮出角色，當一個人開始相信自己時，散發出來的能量也不一樣了。即使我心中仍有一絲害怕，害怕我覺得對的狀態仍然達不到導演的標準，但是心中有另外一個聲音跟我說：「妳已經盡心盡力了，不應該害怕。」**人在不滿意自己的情況下，自己才是對自己最嚴苛的那一個人，但有多少時候，我們記得給辛苦的自己一點鼓勵，一點信心呢？如果忘了這一點，就會很失落、很孤單。**

當導演再度一臉嚴肅地走進排練場時，我在心裡給了自己很多鼓勵，讓自己不孤單，讓自己把心穩定下來，好好的表現，好好的吸收導演給的方向。第二天的排練，導演只有挑幾個要加強的重點微調，其它時候一切順利，同時也和夥伴們激發許多超出劇本之外的火花。一整天的時間，我們圓滿的把整齣戲排完了。隔天就是最後的整排，要配上完整的音效、道具和服裝，在一天結束之後，導演說了兩個字：「對了。」我鬆了一大口氣，可以好好吃一頓飯，好好的睡上一覺了！

最後一天的整排，排除掉各種小問題後，我們就進劇場了。走在大舞台上，望著台下空曠的觀眾席，想著我的家人和奶奶在台下看戲的樣子，想著我用生命塑造出來的角色，要在這個地方活著一次，心裡又是一陣悸動。在劇場裡面的行程，是一整天從早到晚的整排、彩排，不斷的走位、對燈光、對音效、對小道具的擺放位置、對台詞、調整動作……每個人都散發出一股蓄勢待發的能量，那是一種對於這個作品的期待與驕傲，希望把作品最完美的樣子呈現給每一位坐在台下的觀眾。有那麼一刻，劇場彷彿就是我們這群人的信仰，作品就像是我們的傳教方式，期盼想要把對家的情感和希望傳出去。

一眨眼，戲要上演了。我用劇中奶奶的身形，站在背景後面聽著台下入場觀眾的吵雜聲，柔和的入場樂像是試圖想要讓觀眾靜下心來，熟悉的入場須知傳來，觀眾席燈光三明三暗，人群的吵雜聲像是突然間被關掉的電台，瞬間安靜了下來。舞台燈亮，另外一個世界安靜地打開了，我深吸一口氣，張開眼睛，老奶奶端著菜走向那道明亮的光，開始活在舞台上。在這九十分鐘的時間裡，幾乎沒有下場的時候，從頭到尾，我自己彷彿不存在，直到謝幕那一刻，走上台，緊緊的握住夥伴們的手，深深一鞠躬，屬於自己的眼淚才滴落在舞台上，伴隨著觀眾熱烈的掌聲，我聽不到它滴落在黑膠地板上的聲音，心裡只迴盪著一句話：「我們做到了！」

演出完，我的奶奶和家人在前台等著跟我打招呼。奶奶看到我微笑著，摸著我刷白的頭髮說：「妳的頭髮怎麼比我還白。」雖然只說了這句話，但是奶奶眼裏是捨不得的眼神，我的兩行眼淚又不爭氣流下來了，這就是家人啊！所有人都在稱讚戲很好看的時候，奶奶卻是心疼我的拼命。

這齣戲，是我印象最深刻的生命教育，戲裡戲外都是。戲裡讓我鍛鍊出真正的挫折復原力，戲外讓我感受到家人之間的情感。

打敗我們的不是挫折本身，是我們自己。

蘇瀅小叮嚀

reminder

挫敗的第一時間不要浪費時間否定自己，也不要一股腦把氣出在自己身上或怪罪別人，第一件要做的事是「把心靜下來」，先好好地審視自己遇到的是什麼問題，才能找到對的解決方向。行動的時候，「保有樂觀的態度，也要有務實的行動。」失敗了就再試一次，還是失敗就換個方法再試一次，這個過程是最折磨人的，但堅持也是成功的關鍵。

最後，永遠要記得「你有改變的主控權」，你擁有改變的能力，只要你願意，只要你不放棄。當自己累的時候，給自己一點鼓勵，當自己有進展的時候，給自己一點信心。不要總是對別人說「辛苦了！」，卻忘了跟自己說。

面對困難，也要面對挫敗的自己。這是一條，
學會和自己肩並肩走過去的路。

獻給每一個正在不放棄的你。

Chapter 8

用演員視角
體驗豐富人生
戲裡戲外
都是幸福的獲得

自從當了演員這個職業之後，時常會被人問起幾個問題：「你們會不會入戲太深啊？」、「你現在是認真的還是演的？」

人們有時候擔心演員過於入戲，有時候又擔心演員在生活中的情感是演出來的。在陌生人的眼裡，演員似乎是一個神秘又捉摸不定的職業。偶爾，我會開玩笑的跟他們說：「這個工作，就是一群演戲給傻子看的瘋子啊！」然後大家就會似懂非懂的笑成一片。其實，在我心裡對於這兩個問題，答案永遠是一樣的。

「入戲太深的時候怎麼辦？」

「入戲太深，是不專業的表現，是大忌！」

這是我接觸第一堂表演時，同學與老師的問答。老師簡短有力的回答，匡噹一聲，打破了我以為「夠投入的演員才會入戲太深」

的想法。那一刻起，我深深記得，要當一個什麼都能演的演員，就得**把自己和角色劃清界線，上台的時候是角色，下台之後是自己。**

「你現在是認真的還是在演？」

「我下班了，才懶得跟你演！」

這個通常都是半生不熟的人才會問的問題，而我通常是這樣回答的。**演員要詮釋好一個角色，是不能用演的。只有真實的情感才能夠打動人，真實的情感來自生活的體驗和周遭的觀察。演員不只不能用演的，相反的，在面對自己的感受時，他們必須是誠實的。因為好的演員，必須保有最真誠的情感。**

不入戲太深、保有真誠，一直是我認為，身為演員理所當然該有的原則。但是人生啊！就是一個不斷打亂你的計畫，不斷打破你的原則，不斷讓你懷疑人生的問題製造機。有時候你想咒罵它，為什麼要這樣對我！但是當走過這段時光回頭去看的時候，會覺得這一切似乎又是為了讓你體悟些什麼而精心安排的。接下來這個故事，就是考驗我「自己和角色」之間那條分明的界線，這也是一個在蛹裡面掙扎許久的過程。

在劇團的表演課中，學員也需要學習編劇，自己創作出一個小品，找其他演員一起創造出一個完整的作品。小品，簡單的說就是大約落在十五至二十分鐘左右的短劇，簡單的劇情有著完整的起承轉合。這類的小型戲劇，通常只會有二到四位演員，搭配好攜帶的布景，成為劇團安排去校園演出的劇目。劇團當時準備和一位作家談合作，要將原著改編成舞台劇，因此那陣子我們的課堂練習就是改編該作家的作品，用戲劇的方式呈現。身為拼命三郎的我，接收到這個消息之後，又是直接衝回家，查詢了該作家歷年來的所有著作，然後花了一個下午的時間去各大書局蒐集到每一本書。為的是先找到自己最喜歡的故事。

望著癱在床上的一大疊書，我開始分類，愛情的、友情的、生活小故事合集……等，分類的同時，有一本書吸引了我的注意，他的書名是動物，本著對動物莫名其妙的癡情，直覺地翻開來看。裡面有一篇故事特別吸引我，故事的內容是一對情侶養了一隻狗，從交往到結婚到生小孩，這隻狗慢慢地融化了怕狗的女主人，成為兩人的生活重心，陪伴兩人走入婚姻，家裡有了小主人之後原本被捧在手心的狗慢慢的被忽略，慢慢地變老，持續地陪伴著家人，直到走到生命的最後一刻，用自己的方式跟主人道別。這個故事觸動了我，因為我也有一隻老狗陪伴著我度過了人生大半的生活，他叫做「平平」。

我的戲劇正上演，我的愛犬將謝幕道別

平平，是我生命中的第一隻狗，也是目前唯一養過的狗。我的父母並沒有特別喜歡狗，但他們偏偏生了一個從小就莫名其妙愛狗的女兒。甚至愛到讓他們有點擔心，在我三歲大左右，爸媽帶我去山上拜訪一位朋友，當一行人正準備坐下泡茶的時候，突然聽到一陣吠叫，大人們往聲音的方向看去時，我已經起身往那隻碩大的秋田犬跑過去，即使狗的身型比我大許多，仍然毫不猶豫的衝上去抱住牠。爸爸媽媽嚇壞了，跟著衝上去抱住我。從那天起，他們知道只要我看到狗，都會想要衝過去抱，所以都會特別注意。他們總是想不透，在成長過程並沒有刻意讓我接觸到動物，但從小就是對所有動物都抱著好奇和幾近狂熱的喜愛。這個現象並沒有隨著我年歲的增長而消逝，反而越發根深蒂固。越來越會講話之後，我開始懇求父母讓我養狗，想到就講，特殊節日一定要講，

偶爾爸媽溝通到不耐煩了，等風頭過後再提出。直到我國小一年級的生日，從軍的爸爸說營區裡有一窩剛出生的小狗，等斷奶後帶一隻回家。我不敢相信自己的耳朵，求了那麼久的心願真的發生了，爸爸回來前一天，我興奮到睡不著。

那天，爸爸拎著一個塑膠製的桃色攜帶籠，我迫不急待的打開，抱起了米白色的胖胖小狗，又笑又哭的緊緊抱在懷裡。第一次，覺得我要開始為另外一個生命負責，我再三的保證我會愛牠一輩子，照顧牠一輩子。家裡沒有養過狗，爸爸媽媽其實也害怕養不活，我則是堅定的幫牠取名為平平，並表示會用盡全力讓牠平安長大。從那天起，只要我在家的時間就和牠形影不離，每天一放學就衝回家找平平。當時還是小孩，只知道跟平平玩，卻欠缺了照顧和訓練的觀念。結果平平越長越大，變得越來越沒有規矩，爸媽決定把平平養在陽台，不准進家裡。加上平平不常接觸到其牠的狗，在缺乏社會化的情況下，帶出去散步常會和其牠的狗打起來，爸媽在擔心我會因此而受傷，所以不讓我帶平平出門散步。所以每天我回到家之後，第一件事就是去陽台和平平窩在一起，趁爸媽睡著之後，偷偷帶牠出門散步。每次凌晨的散步時間，是我們兩個最自由的秘密時光，我會尋找沒有其牠狗的空地讓牠奔跑，再套上嘴套慢步回家。

上了國中之後，我的生活重心慢慢地放在交友圈，和平平窩在一起的時間變少了。國中畢業之後，我讀五專，進了戲劇社之後開始追求表演，和父母吵架後搬到外面住，更少見到平平。每一次回家一開門，他仍然會在陽台歪著頭看是誰，耳朵一邊垂著一邊翹高高，我也會歪頭看著牠，接著就上演著久別重逢的激動擁抱。對於無法好好陪伴這件事，我始終帶著愧疚，小時候信誓旦旦會愛牠照顧牠一輩子的那句話，長大之後才知道愛很簡單，長期照顧卻是另外一回事。

看著書裡的故事，勾起了和平平相處的過往，想起他每天依然在家裡等我。於是，我馬上決定要改編這篇和狗有關的故事。但是我遇到了一個難題，這篇故事的主角就是狗，我不可能找一隻真的狗跟著我們去演出。在和表演老師討論過後，老師說了一句話打破這個盲點：「讓人來演狗吧！」對啊！為何不？平平對我來說就是一個不會說人話的家人，即使如此，他還是有各種情感，而且還很會碎唸。在排練的過程，我對戲劇呈現的掌握力仍然生疏，但對於狗表達情感的聲音和動作卻寥若指掌。最後，終於在夥伴盡全力的排練之中，在老師用盡心力的調整之下，這齣獻給毛孩的戲完成了。劇團決定將這齣小品，編列近校園巡迴演出的劇目之一，就這樣，原班人馬直接上陣，開始傳遞這齣生命影響生命的作品。說來諷刺，我也因為這齣戲，在忙碌的演出生活中，更少回家見平平了。

直到有一天，媽媽打電話給我，說平平開始不吃不喝，帶牠去看醫生，醫生說時候差不多了，可以帶回家讓牠平靜的離開，或是打一針讓牠不再有痛苦。爸爸媽媽決定讓牠回家，我也想回家跟牠道別，但是我得先完成隔天的演出才能回家。舞台劇演員這個職業有個極大的代價，即使生病、遭逢變故，仍然必須放下一切，先完成台上的事。演出那天，我坐著劇團的車前往演出地點，一路上都在想著平平，眼淚不知不覺的一直流。媽媽打電話來，我在車上不敢接，因為我不知道她會帶來什麼消息，一方面也是因為在車上的狹小空間，我不想讓自己的情緒影響到大家。一直等到車停在休息站，我走到角落打給媽媽。媽媽說平平因為身體嚴重退化，也不知道哪裡痛，每到晚上都會哭一整晚，希望可以盡早帶去醫院打針，讓他脫離病痛。我堅持請媽媽等我回家，媽媽說不過我，最後媽媽忍不住吼了我。

「我也不想看他痛苦啊！你以為只有你一個人捨不得嗎？」

這句話，像是一巴掌打醒了我。我突然意識到，我只沈溺在自己的情緒裡面，忽略了爸爸媽媽也捨不得平平的心情，他們嘴上說養狗很麻煩，狗狗愛叫，狗狗大小便很臭，但是這些年來，真正照顧平平的不是跟牠最親近的我，是爸媽。就連最後看著他痛苦的樣子，也是爸媽。我冷靜下來，堅定的請媽媽再等我幾個小時，我演出完就馬上回家，媽媽也不再多說什麼，說了一聲好，結束了對話。

台上台下都要演出最好的自己

前往演出場地的路上，我看著窗外的風景，車外的人們依舊照常地前往各自的目的地，天空的小鳥依舊在天上盤旋著尋找落腳處，這世界依舊在轉動著，即使我的內心有一部分正在崩毀。人生就是這麼愛開玩笑，即將要回家和老狗道別前，要先在台上演出和狗相處、道別的過程，從來沒想過台上演的戲和台下的生活會用這樣的方式交織在一起。心裡就這樣忐忑的交戰著，不想要讓演出被自己的情緒影響，但此刻的狀態真的好難切割！看著身邊一起排練出這齣戲的夥伴們，突然，表演老師在第一堂表演課講的那句話，在我腦中浮現出來：「入戲太深，是不專業的表現，是大忌！」

我吸了一口氣，試著開始做切割，我知道如果我沒有切割，角色的呈現一定會被我的個人情緒影響。我開始放空，讓自己不去想任何事，不讓自己有機會沈浸在低落的心情裡，不斷的告訴自己，回家的事，回家再說。放空的下車，放空的準備演出的前置作業，放空的等觀眾進場，台下開始傳來熟悉的人群吵雜聲。我站在布幕的背後，努力地將自己歸零，但是和平平相處的過往畫面不斷的出現在腦海裡。突然之間，我想通了，和平平的相處過程中，**我們都在學著愛、學著相處、學著放下愧疚、帶著愛學著道別。這一切的相處有許多美好和缺憾，造就了離別時的沈重傷痛，但是這個不捨有多重，就代表愛有多深。愛，才是我們遇見彼此的本質。**

於是，我接受回憶進到我的腦中。第一次見面抱著牠又哭又笑、平平剛到家裡的前幾天哭整晚，我跑去陽台抱著牠、每天放學之後，騎著腳踏車跟牠一起探索大街小巷、凌晨兩個人在草地上奔跑、每天開門回家我們探頭對看的儀式、長大後久久回家一次，換你看到我發出又哭又笑的聲音……所有的畫面，都是我在台上飾演女主人的養分。閉著眼，演出須知的聲音傳到我耳裡，台下的吵雜瞬間安靜，舞台燈亮，我張開眼，帶著平平用他這一生給我的回憶，將這些回憶帶給我的情感，如實地在台上呈現。**演出的每分每秒，都是累積最後一幕道別的時刻，也因為曾經擁有的美好，讓我不害怕那一刻，讓我學會帶著感恩與愛來好好說再見。**在戲裡道別的那一刻，我帶著微笑，留著兩行淚，輕輕的說聲「再見」。在台上，我終於學會說再見了，下了台，我也準備好說再見了。

走進後台，我拿下耳貼麥克風，換回了衣服，回到了自己在生活中的身份，和夥伴道別，坐上最近的一班客運回家。路上的風景依舊，只是這回，我想的是如何和平平道別。終於回到了家，我打開門望向陽台，沒有人歪頭看著我，走到陽台，看見牠虛弱的躺在地上，聽不到我叫牠，也沒有抬頭看我，就是虛弱的躺著。我摸摸牠，感謝這十八年的陪伴，告訴牠，接下來要好好的睡覺，不會再有病痛，姊姊永遠愛你。我靠著牠，哼著小時候常唱給牠聽的歌，平平的身上傳來的味道並不好聞，是一種身體瀕臨腐敗的味道，那股味道不斷提醒著我他離死亡真的很近了。唯一能做的是讓他不害怕，讓他知道大家都很愛他。我試著把牠抱進懷裡，但是當我一挪動牠的身體時，牠發出痛苦的叫聲，在最後的這段時間，除了陪伴，再也不能為牠做些什麼了。就這樣，我靜靜的在牠旁邊陪了很久，很久。我不敢哭，因為從前我只要一哭，牠就會露出擔心又尷尬的樣子繞著我轉，但這一次不能讓牠擔心。

那個晚上，我離開陽台後，我走去跟媽媽說，我沒事，讓我進房間哭一哭就好了。我走進房間，把頭埋在枕頭裡面，把我所有累積的不捨全部用力哭出來。隔天一早，帶著腫得不像話的雙眼又要趕去演出了，我跟爸爸媽媽說，我準備好了，明天帶牠去醫院脫離痛苦吧！離開之前，我親了牠很久很久才出門，那是我最後一次跟平平說再見。後來媽媽打電話告訴我平平最後一程的經過，她說之前試著幫平平翻身的時候，平平都會痛得大叫，但是那天早上當爸爸告訴牠，全家人都已經跟牠道別了，要帶牠去脫離痛苦，說完之後抱起平平，平平雖然很痛，但是一聲也不吭的讓爸爸抱起來，平靜的去了醫院。掛上電話後，我在心裡跟平平說：「謝謝你等我，也謝謝你在最後一刻平靜又勇敢，不讓我擔心，姊姊永遠愛你。」然後，走進另外一個後台，平靜的準備另外一場演出。

演出總有謝幕的一刻，也因為這種結束和分離，教會了我面對跟平平道別的勇氣。

蘇瀅
小叮嚀 reminder

演員與生活，很多時候是交織在一起的共生狀態，用自身的生命經驗創造獨一無二的角色。

在台上與台下都必須保有真實的情感和敏銳的感受力，我記得有句話是這樣形容這個職業的。

「演員的眼淚是廉價的，花錢看戲就能看見真實的淚滴。」

台上的戲正在上演與台下的生活也同時在進行著，角色有一部分是自己，但是自己又必須和角色劃清界線。這大概也是我如此著迷於這個志業的原因了，看似體驗著人生百態，同時也在詮釋著自己的生命歷程。

Chapter 9

不要在該努力時選擇安逸
請在機會來前準備好自己

蛹的最後階段，是破繭成蝶。這段期間，掙扎很重要，可以幫助蝴蝶鍛鍊出強壯的翅膀，若是有外力協助破蛹，蝴蝶將因為無法擁有強壯的翅膀而被大自然淘汰。這個外力，是安逸。

從前，身邊有許多哥哥姊姊高中畢業過後都決定要去台北讀書，或是找工作都會去台北，我曾經有一度覺得很疑惑，為什麼大家都想要去台北？是不是所有不是台北的孩子，都覺得應該去台北闖蕩一回？是不是去台北闖蕩一回，就會更清楚要去哪裡了？為什麼很多人都會說誰誰誰去台北之後就變了？

現在，我才了解重點不是台北這個城市，而是大多數的人都認為要發展就要往機會多的地方去，於是很容易將外出打拼跟台北聯想在一起。不是大家都想去台北，而是都想要獲得更多的機會，想要試試看有沒有可能為自己的人生帶來不一樣的轉機，過得更好。

並不是去台北闖蕩完就會更清楚要去哪裡了，而是**當你嘗試著要證明自己的過程中，會慢慢的知道自己做不來什麼事，不喜歡什麼樣的生活模式，才會轉而去思考什麼樣的生活更適合自己。不是外出打拼的人變了，而是看了更多的事，眼界變廣了，遇見了形形色色的人，開始懂得保護自己了。**

不走出去，怎麼知道外面是什麼樣子？不離開安逸的生活圈，怎麼知道自己的生活還能更精彩？**踏出這個小圈圈，就是屬於自己破蛹的掙扎，是鍛鍊強壯翅膀的過程，唯有如此，才能展翅高飛換個角度看世界。**

帶著支持與祝福勇闖戲劇系

那年，五專要畢業了，在這段學生時期我將大部分的心思都花在劇團的表演課和演出，甚至到專四應該要補齊學分的倒數階段，我反而將更多的心力投注在畢業公演上。在這個嚴謹的語言學校裡，我一個人修著自己的戲劇課，了解了必須出席課堂數的最低標準後，才勉強能夠通過畢業門檻的邊緣。很多嚴厲的老師對於我的缺席都曾軟硬兼施的關心我，但心裡已經很清楚未來的方向，我總是帶著抱歉的微笑，沒有把話聽進去。當時我的班導師是一位法國人，每個學期都會約談學生，了解學生的學習狀況。輪到我被約談的那天，我心想，約談的重點應該會放在缺課這件事上吧！已經做好被關心的心理準備，老師走來，親切地打了招呼，問我最近如何？心虛的我說著劇團的事、籌備畢業公演的事，間接的說明缺課的原因。老師始終微笑聽著，我劈哩啪啦的說完之後，等著老師「矯正」我的求學態度。他依然微笑著，說的第一句話是：「很好。」咦！這是反諷句嗎？我露出時常對無數老師展現的「抱歉微笑」，還在辨識老師臉上的表情是什麼情緒。

「我很開心知道你要做什麼。如果你確定想往戲劇發展，就要保持現在的樣子。老師祝福你。」老師依然帶著真誠的微笑。約談結束後，我走出教師辦公大樓，意外的帶著老師的祝福，讓我開始認真整理著需要補齊的學分。如果我想要插考戲劇系，我就需要順利畢業，要順利畢業就要兼顧學業，不能辜負老師的祝福和自己的期望。在學校的最後兩年，我補完了該修的學分、完成了畢業公演。帶著不安，思考著下一步該做什麼的我，有一天和媽媽聊著天。

「我真的要去考戲劇系喔！」我堅定的說。

「去啊。」媽媽漫不經心的回。

「你之前擔心我那麼常去劇團，現在都不擔心了喔？」我狐疑的問。

「還是會啊！」媽媽嘆氣的回答。

「那你為什麼還讓我去？」我再次好奇的問。

「因為你的班導師有交代，要我們支持你。」媽媽笑著說。

「蛤？什麼時候說的？」我驚訝的追問。

「在我們看完你導的畢業公演之後，他特地走過來跟我們說的。」媽媽平靜的答。

「是喔……」我的語氣聽起來沒有訝異的語調，但深深的感動讓鼻頭微微酸酸的，原來老師的祝福不單單是約談那天簡短的對話，而是發自內心的真誠以待，並且顧及到爸爸媽媽的擔憂。這是一段很短的插曲，卻也是深深讓我充滿感謝的記憶。到現在，我仍然時常覺得自己何其幸運，在求學階段能夠遇到貴人導師，國中的數學老師、五專的法籍班導師，這些老師在我不同的求學階段，用心的、真誠的將我視為一個完整的個體，給予尊重和祝福。那些簡短的對話，偶爾會在我猶豫徬徨的時刻突然像春筍一樣冒出來，在心裡面變成堅定的力量，就像我和媽媽結束完這段對話後，原本漫無目標的我打開電腦，開始搜尋著有戲劇系的大學，列出我下一個階段要努力的目標。

患得患失想著落榜的各種可能

在家人以及許多前輩多方討論過後，我決定要報考兩間學校，地點分別是一南一北。開始著手著報名的流程、苦讀相關的科目、籌備術科的表演內容，同時進行著劇團各項的排練與演出，原來為未來打拼是這種忙不過來的感覺啊，就這樣忙著忙著很快的就到了要上台北考試的那一天，我獨自坐著火車，天空從萬里無雲的蔚藍慢慢變成飄著小雨的灰暗色，走出車站冷冽的一陣風讓我打了一個冷顫，空氣中帶著一股潮濕的氣味，我心想著，啊！這就是台北的味道啊！錯綜複雜的地下街、密密麻麻的指示牌、人擠人的捷運、急駛而過的公車、人來人往的快速步伐，我瞬間淹沒在巨大的城市裡，好像每個人都比我忙碌，都在趕時間。

搭上計程車，前往考場。有了從前甄選進劇團的經驗後，我的術科表演不再往才藝表演的方向思考，畢竟我最擅長的事就是表演，不如專心的、好好的，準備一段個人獨白，內容是我第一次進劇場看戲被啟發的故事。在等待區的期間，看見了各式各樣為表演準備的奇異裝扮，一群人緊張的氛圍彷彿是看不見的傳染病，不知不覺的瀰漫在這個狹小的空間。從前聽人說戲劇系的學生在校園看起來就像是一群精神病患，當下我似乎明白了，眼見所及的人都專注在自己的世界裡，有人在空中比劃著看不懂的手勢、有的則是低頭踱步、有人則是舞動著身軀但又稱不上在跳舞……等，所有人唯一的共同特點就是，都在喃喃自語，每個人都背著一樣的心理壓力。而這個壓力來源，是一條通往樓上的樓梯，樓梯的盡頭是一扇神秘的布幕，叫到號碼的人起身，走向樓梯，沒入神秘的黑色布幕裡。

人生中很多關鍵的篩選時刻都是一樣的殘酷，沒有第二次機會，沒有多餘的時間讓你重來一次，即使擁有再優秀的能力，也會因為緊張失常就被淘汰。每一個表演項目都清楚的標示出限制時間，在時間之內沒有表現出令人滿意的重點，機會的大門就可能隨著無情的鈴聲響起而關上。輪到我走進黑色布簾了，眼前坐著一排沒有表情的陌生臉孔，我站在場地的正中央，感受著所有眼光直盯盯的打量著自己，被審視的感覺，赤裸又緊張，心臟砰砰跳著，個人表演結束後，接著唸著一長串指定的台詞，教授們臉上依然沒有表情，輪流問了幾個問題後，前往準備下一關的即興表演，走向另一個神秘的走道，拿到題目後上台自由發揮，一度不知道該怎麼進行下去，尷尬、苦撐、試圖挽救、然後再尷尬的結束，其實有一度會覺得這是考驗恥度大會。結束一連串的考驗後，我心有餘悸地走出考場，內心異常低落，有一大部分的原因是我對自己的表現很失望，我開始想著自己落榜後的各種可能，我覺得這道大門比我想像中的還要巨大，我可能連門檻的高度都跨不過，如果我錯過這次機會，我的學業進度就會比我同年齡的人落後更多。沮喪和害怕失敗的焦慮，如同台北陰沈沈的天空，佈滿厚重的烏雲，壓如影隨形的在我頭上，一個擔心自己的人生進度會落後別人的年輕人，低頭不發一語地坐上火車回家。

低落的心情像是一個沈重的黑色人影，趴在我的背上，每當有人問說考得如何時，這個身影就掐著我的脖子，讓我說不出話，只能敷衍的說著「還可以啊」、「我也不知道」。照樣進劇團排練，照樣演出，照樣準備著第二間學校的考試。

有天，一位劇團前輩問了同樣的問題。「怎麼樣？考得如何？」

「我覺得我不會上。」說了太多次敷衍的回答後，我終於忍不住說出了我心中隱藏已久的實話。這位前輩卻開始了一陣大笑，這個超乎我意外的反應讓我呆呆的看著他，我的天都要塌了，你笑成這樣不覺得很沒良心嗎？

「考不上就再考一次不就好了嗎？你不是一樣在劇團做著自己喜歡的事嗎？」

咦！我的盲點就這樣被戳破了。很多時候，**深陷追求目標的**

時刻，強烈的企圖心加重了得失之間的重量。那句話瞬間讓我想通了，彷彿背上的黑色人影突然從我身上跳下來，跟我說了一聲bye，就消失了。長期以來，心中不知不覺的會有一把尺，按照升學制度在計算著自己的年紀，有一個環節落後了，就像是人生沒有上緊發條一樣，沒有跟上應有的進度。前輩那一句話，點醒了我，**不要因為急著追求目標，而忘了追求的意義，**穩穩地走出自己的步調。

離開高雄舒適圈，北上念書挑戰自己

那天之後，我抱著「盡力準備，平常心等待結果。」的心態準備著另一間學校的考試，雖然準備的是與上一間學校同樣的表演內容，但因為有了上一次實戰經驗，所以我列出了需要改進的環節，繼續練習著，努力把這段自己創作出來的小作品調整成自己滿意的樣子，這一次的心境跟上一次不一樣了，這個小作品不是為了準備考進學校而準備的，而是為了完整的呈現它更好的樣貌。

第一次，走得跌跌撞撞、心驚膽顫；第二次，懂的靜下心，結束過後，平常心回家，等待。結束了這兩次學校術科的面試後，我開始想著演員這個職業，其實從甄選到演出都是被審視的過程啊，更準確地說自己必須知道如何在短暫的上場時間內呈現出動人的時刻，而未來勢必將面對更多的競爭，才能得到角色，這樣的體悟讓我意識到，穩定的持續待在同一個地方是否正在慢慢的削弱自己的競爭力呢？我開始安逸了，看似平順卻是個危機。

而這個意識，讓我有了明確的決定。過了一段時間，兩間學校的入選結果都公佈了，看著兩份報到通知書，我毫不猶豫的放下了在家鄉的那一份通知書，我得去一個新的地方，台北。

在我做了這個決定之後，剛好也有幾位夥伴正要北上發展，加上劇團正在考慮要設立台北辦公室，建立在北部演出的團隊。在共同討論下，我們決定四個人合租一層房子，客廳規劃成為排練場地。共同北上的緣分，就在巧合的因緣際會中成行了。

在準備北上的期間，忙著找租屋處、處理入學的手續、整理著行李，不知道即將過著什麼樣的新生活，期待又無法想像的心情，讓這一切有點刺激感。我唯一知道的是，我已經準備好要第一次離開自己熟悉的家鄉了。

小叮嚀　蘇瀅

reminder

去學校面試被審視表演的過程，回頭來看無疑是一個很重要的經驗，讓我開始有了競爭意識，進而意識到在未來還有更多的競爭，才有了毅然決然選擇離開家鄉的念頭。

我記得，曾經和一群演員朋友在聊天時，有位朋友說了一句話：「安逸，是創作者最大的敵人。」當時我對這句話似懂非懂，但我看見他總是在大家演出完好好放假的時候，仍然忙碌著，大家都因為固定合作的劇團提供了穩定的演出量，所以不急著尋找其它甄選機會，就他一個人戰戰兢兢的準備著各種甄選和試鏡。過了好幾年，再次遇見他，他的成就與當年一起話家常的同齡演員所拉出的差距，才讓我真正明白他當年那句話的意思。

分享這個歷程其實也不是要大家隨時都緊張兮兮的保持在備戰狀態，而是當我們發現自己開始依賴某個人事物的時候，記得問問自己：「我是不是安逸了？」

展翅、

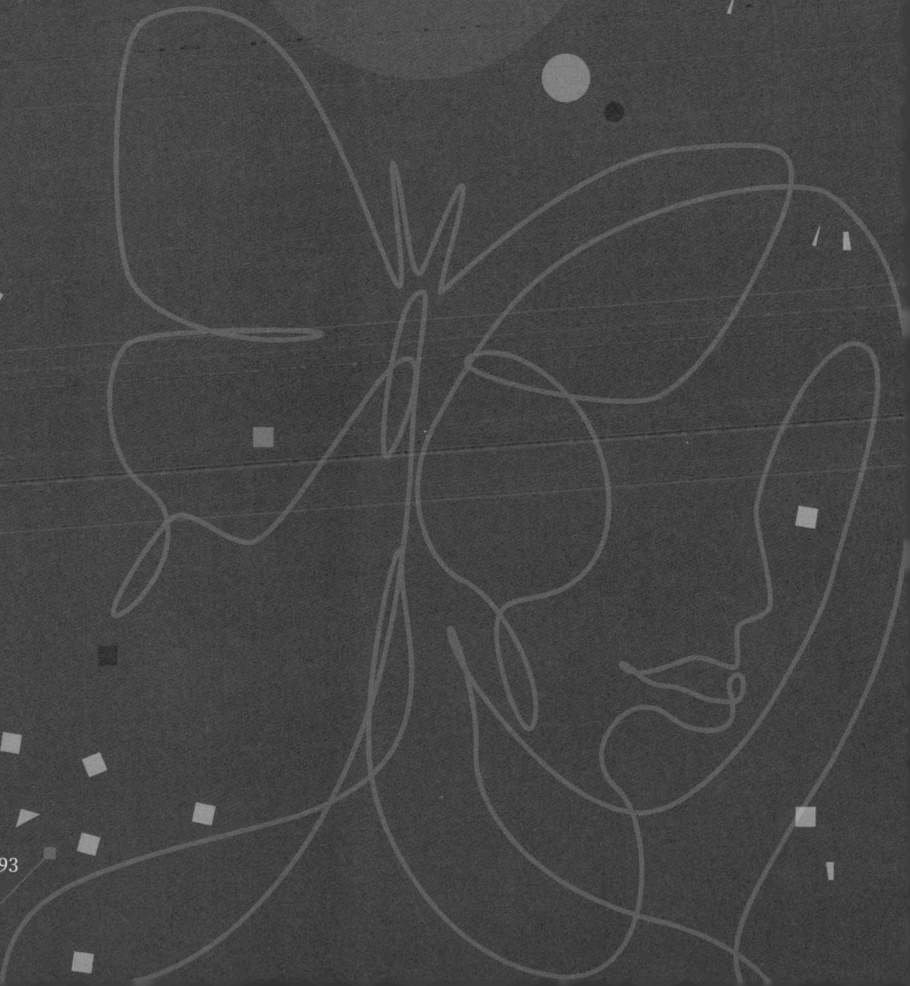

Chapter 10

學歷不是一切 態度決定你是誰

我喜歡學習，但我無法好好的上學。你是否曾經在求學的過程中感到痛苦，失去學習的動力，同時擔憂著自己的人生進度會因此而落後別人呢？其實這個疑惑是因為帶著比較，而讓自己感到不安。我會比較頃向這麼問自己：「我需要學習的是什麼？什麼樣的方式更適合我？」

試著在每個覺得自己有所缺乏的時刻，問自己這兩個問題，你會找到更適合自己的學習方式。

台北課業和新竹劇團的忙與盲

搬到台北的日子，立即展開了馬不停蹄的生活，劇團找了幾位台北的演員和我一起進行校園演出的排練，晚上去學校上課，下課回家整理隔天演出要帶的服裝道具。我開始學著當導演，和台北的新夥伴排練小型劇目、跑演出。那段時間因為沒有車子，所以需要扛著大袋小袋的行李搭乘各種大眾交通工具，在偏鄉與城市之間的學校奔波著。至於學校開始上學的日子，則是帶著濃厚的新鮮感，探索著各種有關戲劇的課程。一切似乎都如預期進行著，日子過得忙碌，卻不覺得累。

很多看似快樂的日子，隨著時間拉長，慢慢的才會顯現出問題。劇團在北部的演出越來越多，每天結束一天的奔波後變得更加疲憊，時常累到提不起勁再去學校上課，加上演員的需求量與日俱增，除了排練、演出以外，需要額外花費時間尋找更多的新演員，每當有新夥伴加入後，就需要重複排練著相同的劇目。日復一日，花了大量的時間在忙著重複的事，忙得看不見盡頭，工作與學業之間，也開始失衡了。每當面臨選課的時候，除了主修科目以外，我都在打聽著有沒有哪一堂課是可以輕鬆過關的。面臨北部演出量增加而衍伸出的問題，劇團也提出一個解決辦法：要在北部徵選儲備演員，直接訓練一批固定合作的團員，剛好在新竹有個據點，因此決定在新竹舉辦甄選。

我還記得甄選那一天，也是學校表演課的期末呈現，說來慚愧，我上一次出現在課堂上是期中呈現，我只記得老師那次有說明期末呈現的內容是：「準備一段完整的個人表演」。坐在火車前往新竹的路上，還在想著該呈現什麼，卻毫無頭緒，每天每天忙著同樣的事，是一種內在消耗，彷彿已經成為執行的機器人。每天趕往不同演出地點的行程，總是穿梭在各個大城小鎮的車站之間，出了車站就夠直覺性的走向出口，走向計程車排班處上車，雖然去過了許多地方，卻只是從熟悉的車站走進陌生的城市，沒有時間好好感受過這些地方。兩眼呆滯的我這樣想著，從火車換到了計程車，前往新竹的甄選地點。

望著窗外的景色，不知不覺抵達了目的地。走向長桌坐下來，才意識到曾幾何時，自己曾經備感壓力的評審桌，換成自己坐在這個位子上。換了位子，換了角度，我看見了許多當初的自己，不習慣被審視的飄忽眼神、因為緊張而顯得過快的語速、在說話的時候忘了吸氣所以喘不過氣，我都能感同身受心臟在胸腔怦怦狂跳的悸動、為自己失常的表現而感到失落的神情、忘詞的尷尬、奮力一搏的決心，在這個場地裡，隨著那扇門開開關關，進進出出的人們，不論年齡身份，都是跟過去的自己 我一樣帶著對表演的滿腔熱血，抱著希望期待著這一次能夠被看見。

坐在長桌後面，我的內心似乎有什麼東西開始一點一點地融化，麻木的狀態慢慢的開始有了感覺，有了溫度。這些前來挑戰的勇者們，絕大多數都是沒有戲劇表演經驗的人，而我卻在這些人身上感受到不曾受過訓練的樸實，散發著最貼近自己的氣場，即使帶著被審視的不自在，仍然盡力的、毫不保留的展現自己。很快的一個下午過去了，我帶著一疊寫滿筆記的資料踏出這個密閉空間時，暗暗的天色提醒我得趕回去學校面對我的期末呈現，坐在火車上，與去程不同的是，心裡有一股暖流在流動著，那種感覺就像是一盆乾枯的植物突然之間被澆了一桶水，土壤慢慢浸潤的過程，水分從根部慢慢的往上爬升著。這股內在感受到的流動，彷彿喚醒了當初追求表演的初衷，本來卡住的腦袋突然之間竄出了許多期末呈現的點子，像是彩色的跑馬燈在腦中流竄著，對於期末呈現的方式，我有想法了！

我迅速的拿出紙筆，將今天甄選時看到的面孔在腦海中掃描一遍，我決定呈現三位前來甄選的人，念著同樣的台詞、同樣的即興題目，表現出三種截然不同的表演狀態。第一位甄選者是沒有準備好的狀態，因為準備不足所以顯得特別尷尬與緊張，特徵是台詞前段背的特別熟，雖然看似花了很多時間準備，卻沒有真正的消化成為自己的表演，表演過程中一但發生錯誤，便會亂了陣腳，用囫圇吞棗的方式草率結束表演。第二位甄選者是認真準備好，卻過於刻意的表演狀態，特徵是習慣用形式化的動作來讓觀眾明白他在做什麼，因為急於表現出張力，所以用力的展現既定印象中該有的樣子。第三位甄選者是放鬆的狀態，完全的理解台詞裡每一句的潛台詞，精準地抓住角色的心境，帶著對生活的歷練，用寫實的語調將台詞變成自己的故事說出來。這三種狀態，是我整合了這個下午所見到三種表演階段，同時也是自己在表演歷程中的進化過程，當我寫完這三段內容停筆之時，火車也到站了，我拿著這張紙條，坐上計程車，趕往久違的教室。

學校在我的印象中，總是吵雜的，永遠充滿了同學的嬉鬧聲，穿過走廊總會被玩鬧中的同學不小心擦撞而過，總覺得自己過於安靜的樣子和青春校園的氣息格格不入。同學們經歷過半個學期的課程，經過表演老師不斷地調整過後，終於在這一天準備好了，而我則是握著半小時前才完成的手寫紙條，走進半生不熟的人群裡，把握著上課鐘響前的十分鐘，想著才剛完成的三種表演狀態。表演課的呈現，是讓所有人抽籤決定順序，老師和學生坐成一排觀看台上的表演，所有人都表演完畢後，老師才會統一講評。坐在台下的時光，看著形形色色的創意，給了我很多從來不曾想過的想法，像是一個打破自己固有思維的框架，輪到我上台時，我按著原有的想法，好好的、專注的完整呈現，隨著演出經驗的累積，上台被注視這件事似乎已經自然而然地成為表演的一部份，習慣了觀眾的存在，站在台上就會散發出愜意、自在的狀態。兩堂課過去了，所有呈現終於都結束了，老師走上教室中央，看著筆記開始一一的說著講評，每一個人都有被強調的優點，也有要改進的缺點。很快的輪到我了，老師看了我一眼，欲言又止，這讓我開始緊張，許久沒上課的愧疚感，讓我帶著心虛的表情等著老師開口，老師吞了一口口水，終於開口了。

「老師，要恭喜你。你表演的成熟度很高，甚至比許多學長姐都高。但是……」恭喜？我眼睛張得大大的傻住了，原本預期的會是被老師指正準備得過於草率，這個評語的前半段超出了我的預期，我不敢高興，因為老師保留了一個「但是」，我已經準備好要虛心受教評語的後半段了。

「但是……我也要給你一個功課，你必須要多去參與外面的演員甄選，越多越好，不要停止。」這個功課讓我不太明白，老師沒有要求我要參與課程，反而規定我要多去外面甄選？

那天回到家後，我的心情不太好，原本以為會得到實際的表演建議，卻接到一個我不明白的功課。難道我的表演唯一的進步方式是去外面參加甄選嗎？那我在這堂表演課裡，該進步的是什麼呢？考進學校的目的就是為了可以更進步啊！那一年，我是一年級新生，疑惑著這個與眾不同的功課，感到特別的孤單，第一次開始思考著，在起跑點上太早超越別人，是不是不一定是件好事？

新竹的演員甄選公布入選的演員後，每個週末我都會搭車去新竹，帶著這群熱血的新夥伴進行基礎表演練習和劇目的排練。每次見到這群人認真炙熱的眼神，都會有一股驅動力讓我全心投入排練，就這樣每個週末我們都一起度過這兩天的所有時間，空檔一起吃午餐、吃晚餐，結束排練，一群人就坐在排練場樓下的河邊，吹著風聊著排練的心得和生活中的大小事，有人生日就會有偷偷籌備整人橋段和驚喜蛋糕，很多純粹美好的畫面，都是現在想起也會懷念的回憶。這群新夥伴也許是我未來一起工作的人，但更多的是，他們成為我那段時間最真摯的朋友們，一群人因為同一個目標而相聚相識的緣分，遠遠超過當初招募團員的預期。然而，基礎練習和排練，只是認識表演的開始，真正上場演出的階段，才是大部分的人面臨自己是否適合演員這個工作的抉擇時刻，時間成本和收入是否成正比，才會在這個時候凸顯出來。

當熱血青年們面臨現實問題時，如我預期的，許多人一一打了退堂鼓。這群人當中，有兩位身影卻始終屹立不搖，總是排開所有的事情，準時出席所有的排練並且進步神速，總是義不容辭的參與著每一場演出。當我看著他們的時候，我明白那種下定決心要當演員的眼神。很快的，新竹訓練的大本營告一段落了，能否當演員的現實考量也快速篩選出繼續和我走下去的夥伴，劇團正式決定要在台北設立完整的台北分團，承租了辦公室、排練場、員工宿舍，這兩位年輕人也跟著一起北上讀書與發展。

學習不侷限在學校和文憑

面對工作的轉變，仍然持續著學業，只不過，這個堅持不斷被消磨著，直到最後一根稻草壓垮了所剩無幾的耐心。這段期間，最消磨我的是照本宣科的課程，像是大家翻開課本後，輪流唸著課文直到下課，又或是看著投影幕上的文字，聽著教授一字一句逐字唸到下課，也遇過不用去上課的課程，只需要在期中和期末將腳本寄到教授的電子信箱就能過關。也許理論類型的課程本身就是枯燥的，我曾經很努力的想要認真消化，但是像佛經般的語調一旦超過半小時，眼皮就會不自覺的變得沈重。唯一讓我提得起勁的，是表演類別的課程，籌備表演呈現終於有比較接近表演的感覺，我總是認真準備希望從中可以得到讓我進步的建議。

有一次，有位學長邀請我幫他的表演呈現演出一個角色，接到這個邀請對我來說是個肯定，馬上充滿感激地答應了。但也因為白天要處理劇團的繁忙工作，課堂時間之外能參與排練的時間並不多，和學長確認完少的可憐的排練次數後，我再三的保證，我一定會做好功課，背好台詞出席排練。

從那天起，我利用所有能夠擠出來的時間做角色功課、消化台詞，在前往演出的火車上、在後台等待上場的空擋、在排練結束後的劇團辦公室、睡前複習完筆記才睡去，腳本上的筆記越來越多，一遍又一遍地唸著台詞，熟悉到可以直覺的說出來。終於！第一次的排練來了，我特別提前抵達排練場，再次複習著角色功課，列出準備和導演討論的問題。很快的，排練時間到了，還是只有我一個人在現場，我翻開行事曆確認日期與時間，確定自己沒有搞錯時間後，繼續認真的複習。半小時的時間，演員三三兩兩的出現，學長導演也到了，但是所有人依舊聊著天、嬉鬧著，又過了半個小時才開始排練，導演開始拉調度，因為充滿不確定性，所以過程中花了很多時間在等待、釐清。休息時間又再度因為大家的話夾子大開，延長了許久。那一天，原本蓄勢待發的期待新的合作，卻看見和以往工作模式天差地遠的差別，讓我特別失望。我在排練結束後，忍不住找學長聊聊，我婉轉的建議可以準時、可以要求演員做好功課再來、可以更有效率地進行排練……等，在這個放鬆的環境裡，我好幾度因為過於認真的態度反而覺得自己顯得過於嚴肅，但是面對課業以外的工作量來說，時間對我來說太寶貴了，我無法眼睜睜看著它被浪費。

第二次出席排練，按照行程表上的進度，演員應該已經要丟本磨戲了。我依舊準時抵達，看著同樣的問題在我面前再度上演，遲到、聊天、聊很久的天、慢慢開始排戲，這次讓我更訝異的是，沒有演員丟本，站在排練場上，沒有拿劇本的我反而成了異類。

我不知道那次排練是怎麼進行到結束的，我只知道內心對於這個狀況還是非常震撼，於是再度走去跟學長說，如果排練的進度還是會這樣拖延下去的話，我可能會擠不出其它時間排練。

第三次了，按照進度要進入到順排階段了，也就是每一場戲都排練過後，要開始從頭到尾照順序排練，這已經是排練後期的階段了。我依舊準時到達，看著一模一樣的鬆散鬧劇在眼前上演著，進入排練依舊有還需要看劇本的演員，我的內心默默的爆炸了。

這個爆炸，不單單只是這個事件讓我憤怒，而是混合著長久以來在這個環境的各種失望。我忍到排練結束，走去跟學長說抱歉，我真的無法參與這個作品了。走出排練場，我淋著雨坐在路邊思考著，我到底要的是什麼？這個環境適合我嗎？如果我就此放棄這個文憑，自己能夠完全承擔未來沒有文憑的後果嗎？**上學的意義**

是為了學習，學習是為了在將來有更好的能力可以運用在工作上。

新竹找到的夥伴渴望學習的態度，讓我們在那段時間一起成長著，反觀自己卻在正規的學習環境裡，卻眼睜睜的任由時間逝去，讓我完全的失去學習的意義了。我站起身，心裡想著：**學習這件事，只要我想，不管任何時候都可以找到更適合自己的地方，如果現在真的不快樂，就不要被這個文憑限制住。**

那天，我想清楚之後，就直接回家，再也沒去過學校了。

蘇瀅小叮嚀

reminder

每當有人得知我沒有大學文憑後，不少人都會露出驚訝而遺憾的表情，我就會簡短地說著這個決定離開學校的故事。在這個幾乎人人都有大學文憑的世代中，大學沒有畢業這件事，似乎就會被冠上「這樣你會很吃虧」的帽子。時至今日，我仍然對於這個決定不感到後悔。

離開正規的學習環境並非代表就此停止學習，取而代之的是直接在工作裡面學習。

成為全職演員後，我在不同階段裡會看見自己所缺乏的地方，然後去找相關的進修課程學習，我喜歡這樣的方式，先找到學習的動機再尋找學習的管道。

學習這件事，是一輩子都不該停止的事，不管是什麼形式。

Chapter 11

逆境給予智慧和成熟
轉念發現可能與機會

我時常覺得自己何其幸運，從小就清楚的知道自己想要做什麼，最大的願望就是就是把自己最喜歡的事變成工作。心裡總是想著，只要我努力，一定可以克服所有困難繼續堅持著。小時候的我對了一半，**很多事情堅持著就可以繼續下去，但並不是所有事情單靠著努力，就有轉機。親身去經歷一遭，才知道要走出一條自己的路，比努力追夢更難**。我花了大半的人生不顧一切的追求夢想，真的追到的那一刻，我卻腦袋空白的站在原地，心想著：「然後呢？」

每個追求夢想的人可能會面臨的現實問題，是必經的掙扎。危機帶來的困頓，可能會讓你覺得時間過得很漫長，但是找到轉機，卻只要一個念頭的時間。

像家一樣的劇團解散了

離開學校後，我開始在台北全心投入劇團的工作成為全職團員，在來來去去的演出夥伴之中，找到了固定的兩個夥伴，劇團提供了公務車，三個人一台車，開始著上山下海的校園演出。一年兩次參與劇團的大型演出。也因為有了固定夥伴，幫新成員排練固定劇目的重複性工作也開始有人分擔。那段時光只需要好好地專心當演員，特別單純而美好。而這個劇團就像我的家一樣，一路從儲備演員走到正職演員，將近十年的時間都穩穩的待著，即使搬到了台北，也繼續在建立台北分團的過程中，持續忙碌著。強大的歸屬感和長時間的工作，讓我沒有思考過去其它地方。

來說說這個如同家一般的劇團吧！當初團長成立時，秉持著「在地人說在地故事」的理念，帶著一群夥伴和學生，成立了一個小小的劇團。到了今天，我仍然欽佩這群人當初的勇氣，經營劇團，從來就不容易，尤其是在南部。

我加入劇團的時間點，正值剛過草創期的階段，參與了第一次大戲巡迴到台北的里程碑，那時候劇團的固定演員大多都是團長的學生和像我一樣剛甄選進來的儲備演員。這一群人演出前幫忙裝台、上台演出、演出後拆台，然後再搭著一台巴士回到高雄，凌晨三點聚集在劇團後面的倉庫，將拆卸下來的舞台佈景、道具搬進倉庫，為了怕吵到鄰居，搬的時候還要小心翼翼地不發出聲響，用氣音協調著大型器材搬運的角度。每個人一起身兼多職，一起領著少少的演出費，沒有人喊累，沒有人缺席，一群人只想著如何讓共同努力的作品被更多的人看見。那是一段真正像家人的時光，中秋節一起烤肉、一起製作布景、刷著油漆。演出後，劇團用微薄的盈利帶著大家去按摩；到外地演出完，一夥人相約一起去尋找美食宵夜；所有人利用空擋一起摺著宣傳品，再利用排練空擋去各處發放。一群人，真心愛著每一部作品，希望共同創作出動人的故事，感動更多的人。那大概是最純粹的時期了，因為窮，所以不會怕失去什麼。

但是也因為窮，所以努力想擺脫它。純粹的藝術開始慢慢的參雜一點商業模式，看見了起色，於是再加一點，讓成長更快。過程中幾度試著從中取得一點平衡，但是賺得不夠，那麼就再加多一點商業考量吧！尋找更多的異業合作，邀請更多帶著光環的明星演員，要養活一群人一起向前走，似乎變成了必須這麼做的理由。想要賺錢的渴望，像是一個不斷擴大的無底洞，更像是一個旋轉的賭盤，也許這齣戲賺到了錢，下一齣戲卻賠了錢，有個坑需要被填補，於是下一齣製作想盡辦法再商業化一點，卻累積了更大的坑洞。劇團從一開始的一小群人，變成一個團隊，然後是一間公司，支出更多的薪水，製作更大型的演出。快速的成長，也快速的失去了許多東西。

商業化的其中一個模式是找自帶票房的明星演員，一方面也是長期和固定班底演員的創作過程中，需要對外尋求新的火花，也趁著這個轉型機會試著找到更適合角色的人選。然而，轉型總是會伴隨著陣痛期，對於固定班底的演員來說，無疑的是個衝擊。全職演員領火車的補助費用，約聘的主要演員領高鐵補助費；全職演員在後台自行更換著下一個角色的妝髮時，旁邊是劇團特別請來只給明星演員上妝的髮妝師；明星演員飾演的是內定好的主要角色，全職演員擔任配角的同時，身兼其它雜務。

劇團的重心慢慢地轉移到台北，留在高雄的團員必須北高來回參與排練。過去累積的革命情感隨著必要的成長，在不對等的待遇下逐漸凋零。

其實現在回頭去看這段時光，我可以理解不同的階級待遇本就是業界的生態，但是我也清楚當時無法接受的原因是，一起走來的革命夥伴突然間有一種被拋棄的感覺。眼見在台北的票房遲遲不見起色，賠錢的坑洞持續擴大，團長開始拓展個人在大陸的事業，留在台灣的時間越來越少。慢慢的，劇團開始停止製作新戲，團員們繼續著日常的校園演出之外，靜靜的等待下一齣戲的消息。

劇團，像是一隻原本用盡全力掙扎的巨獸，慢慢的變得無力，趴下，進入沈睡。沒有人知道下一步計畫是什麼，對於未知的不安，持續的在寂靜之中蔓延開來，無從打破。直到有一天，劇團的行政人員聚集所有人，公布劇團將無限期暫停營運。這個消息，震撼了所有人。一群人種下了一顆種子，看著它發苗、茁壯、開花，期待著結果，這棵大樹卻突然無預警的倒下。換個角度想，這也需要夠大的決心才能夠放下。這段人生歷程所累積的心血，有的人得到解脫，有的人失去依託，相通的是，這是所有人思考自己該往哪裡走的契機。

我在台北的流浪生活

我決定留在台北。在生活經濟的考量之下，我找了許多的打工機會，邊打著工邊尋找演員甄選。曾經，我以為搬離家鄉就是離開安逸，開始了流浪演員的生活，才知道原來我最大的安逸是待在這個我將之視為家的劇團。面對新轉變，讓我重拾躍躍欲試的狀態，每天打完工回家的第一件事就是打開電腦搜尋著甄選資訊。第一個月，我不是在打工，就是在前往甄選的路上。一開始我選擇有興趣的甄選，失敗；那麼就選擇第二順位吧，又失敗；有甄選就去吧，還是失敗。第二個月仍然是同樣的狀況，有報名單就填寫，準備內容，站在評審面前，表演時間到，鈴聲響起，回家等消息。就連在睡夢中，終止表演的鈴聲仍然噹噹噹的在耳邊響著。

除了尋找甄選機會以外，我也忙著找各種短暫的打工機會，我深信，我不會一直打工下去的！這段期間我也見識了許多事，像是去應徵服裝的平面模特兒，我到面試地點，對方戴著墨鏡開車前來，不下車只搖下車窗掃視我一遍，帶著詭異的微笑問：「你可以穿多露？」我睜大眼睛愣了兩秒轉身就跑了。或是對方堅持用電話面試，通了電話之後才發現是陪酒工作。我發現在徵才網站上面，表演這個分類項目，是很多不單純工作的偽裝，外面的世界和預期的不一樣，才知道自己又傻又單純啊！

這些經歷過後，我開始有了警覺心，也不再堅持只找跟表演類有關的工作了，那時候最正常的兼差，就是在花博期間帶著民眾導覽古蹟的解說員。矇矇懂懂的繞了一圈後，終於透過台北的表哥，找到3c賣場的工讀生工作。這個工作不只穩定，彈性的排班也可以讓我繼續安排時間去參加甄選。

半年的時間，沒有甄選上的次數至少有十次，唯一徵上的是兒童劇團的偶戲表演，穿著整套的偶裝在舞台上唱唱跳跳。面對這樣的結果，感到很失落。也忘了維持多久的時間，過著完全沒有放假的日子，現在回想起那段生活只記得除了偶爾參加甄選之外，每天都是打工、排練、打工、演出，為了維持生計，我將工作排得滿滿的，心裡持續懷抱著一絲希望：再撐一下，再多試幾次，一定還會有機會。那是我人生中獨自硬撐的時光，時常反覆地冒出這些念頭：「我是不是不適合當演員？」、「我是不是真的那麼差？」、「是不是該放棄了？」抱著這樣的自我懷疑，我還是窮忙著，不甘心就這樣放棄。

當堅持失去了意義，就成為了盲點。在無助、漂泊的時刻，這個盲點會被自我催眠的聲音給無限放大，成為一個自溺的金鐘罩。

人啊！只有在脆弱的時候才會需要這樣的保護機制。有一天，我帶著沒睡飽的雙眼走進賣場，一如往常地套上工讀生背心，眼神已死的等著客人進門，擔任店長的台北表哥拿給我一疊要掛在店裡的海報，這個沒有朝氣的工讀生，雙眼無神地接過海報開始黏貼，攤開其中一張，我看著上面的人露出陽光般的笑容，隨口跟表哥說：「我跟這個人演出過耶。」

「那你為什麼還在這裡？」表哥也隨口說出這句話。

這句話卻讓我停下了手邊的動作，匡當一聲，晦暗的金鐘罩破掉了。對啊！為什麼我還在這裡？那句話讓我當天晚上失眠，望著發霉的天花板，為了心中還有一絲的希望與不甘心，屈就在這個簡陋房間裡，我到底在做什麼？我持續過著一樣的生活，卻期待有不同的可能，只是在拖延啊！期望遇到更好的機會是個心裡的重擔，該是時候將它放下來，換個方式背起來，往不一樣的方向前進了。

回到高雄找到心之所向

辭去了工讀生的工作，準備回家鄉，高雄。開始整理著行李，流浪的日子平均一年搬一次家，沒有太多東西要帶走。過去解散的劇團夥伴們創立了新的劇團，回到家鄉後，加入了老朋友的行列，也繼續尋找高雄其它可以合作的劇團。每當遇到新認識的演員，我就會詢問還有哪些劇團有在徵演員，就這樣邊演出邊找，找到了四個劇團穩定的合作著。新的生活，行事曆上有著四個顏色，慢慢地填滿每一個格子。有過流浪的體驗，讓我開始思考著該如何將表演更多元化發展，也給了自己一個新的基本目標：「單靠表演的收入過活」。校園巡演、寫實戲劇的演出、兒童劇、兒童戲劇教學、去戲劇社上課……等，都是我試著將表演不單單只侷限在演員身份的嘗試。每一天去不同的地方和不同的團隊合作，漸漸地達成了不用再靠打工養活自己的目標，不變的是，永遠都覺得好忙。

在家鄉，努力地建立起新生活，雖然可以靠著表演養活自己了，但收入還不至於到可以存錢。終於，媽媽忍不住下了最後通牒：「如果在一年的時間裡，依然存不到錢，就去找有穩定收入的工作吧！」這一次，我沒有說話，心裡明白，為了維持這段時間的收入，接下所有的案子，好的壞的照單全收。其實和心裡對於戲劇的追求相差甚遠，甚至越來越遠了。是不是需要再度思考，這一次要換什麼方法扛著「自我期望」這個重擔呢？

這個念頭，讓我開始像撥洋蔥一樣重新尋找著新方向。

「什麼樣的演員可以更有機會演到好作品？會讓人想到他是好演員的人。」我自問自答著。

「如何讓人會想到這個「好」演員？曾經合作過，也留下好印象的演員。」我自己回應著，只是這個選項目前觸及的範圍太小，撐不過最後通牒的期限，所以我轉了一個彎繼續對自己提問。

「那麼，要如何接到好的作品，同時成為讓人記得的演員？嗯……目前的身份與狀態並沒有作品的選擇權，也許多方嘗試之下有機會能遇到可遇不可求的好作品，這需要快速的累積作品以及增加個人的曝光度，但是這樣必須打破只演出舞台劇的框架了。」

當我自問自答到這一題的時，我彷彿看見心中有一道微弱的光芒，我繼續朝著那個方向提問。

「一個平凡的演員要如何快速地累積作品同時增加個人的曝光度？什麼類型的表演能夠同時符合這兩個要點？具有聲量影響力的影視圈作品和網路影片！」天啊！我找到答案了！

對，致力去尋找影視和網路的演出吧！撥完洋蔥，我的新目標是「先被看見，才可能有選擇的權利。」媽媽下的最後通牒激發了不放棄的精神，轉而成為思考出新目標的契機，也重新找回日漸消失的動力。從那天起，我開始從網路搜尋，也到處詢問著身邊的人有沒有引薦的去處，進行著地毯式搜索模式。皇天不負苦心人，在其中一個劇團裡面有位演員他即將去一個新媒體公司任職，那個人就是曾經出現在我的頻道影片裡的小彬彬。從那天起，我只要看到他，就問公司有沒有在徵演員，答案都是沒有，但我仍然時時刻刻地提醒他，如果有機會絕對要找我。

我就這樣在演出、教課、排練的忙碌生活中，不放棄的一直問，一直等著，果然就被我等到了。小彬彬有天跟我說，公司在尋找飾演孕婦的演員，想當然我二話不說衝了，只是這個角色的台詞只有一句話和幾秒鐘快速閃過的鏡頭，沒有太大的發揮空間。於是，我繼續的明示暗示小彬彬，還有機會的話還要找我。過了幾個月，我接到一通電話，這次也是同樣的公司隔天就需要一位飾演貴婦的演員，當然也是二話不說馬上答應了，掛上電話後，我打著一通又一通的電話將隔天的所有行程都排開，緊緊握著這個機會，希望能夠為自己的人生帶來改變。

隔天，到了演出地點，拍攝現場聚集著許多工作人員，有人在架設機器、有人調光、身邊時而有小跑而過的人員，忙著佈置現場。從舞台的世界走到鏡頭的世界，映入眼簾的一切是如此的陌生又新奇啊！更令我期待的原因是因為這一次，飾演的奧客貴婦比起上一次的孕婦角色多了更多的空間發揮表演，那就火力全開，盡全力把握機會吧！

「演員準備囉！」

加油！我在心裡對自己大聲的打氣。雖然心裡是個激動的孩子，但外表仍然保持鎮定，起身走向貴婦的座位，就位別上麥克風，這時迎面走來一個高大的身影，對方是個白白淨淨，臉上沒有太多表情的男子，他跟我點個頭打個招呼之後，就再也沒說過話了。那是我對波特的第一印象，也許是因為我是個矮子，所以對他印象最深刻之處就是，好高啊！

拍攝的過程，波特除了開口講台詞以外，在鏡頭外似乎是個內斂的人，話不多，總是靜靜的在一旁看著腳本。相較之下，沈浸在詮釋戲劇性貴婦的我，突然覺得自己好浮誇。那次，小彬彬是導演，在拍攝貴婦特寫時，他要求要用各種極近誇張的表情 看著波特，沒有包袱大概就是我與生俱來的優勢了吧！我用盡心力的將所有表情做到極致，突然波特笑了出來。那是我對他第二個印象最深刻的事，原來他會笑！

結束拍攝之後，這個公司給我的印象是「有完整的拍攝團隊之外，旗下也有具備個人特色的網路藝人」，這是符合我新目標的條件，只是，我不知道他們什麼時候會徵人，在盡全力把握這個演出機會之後，我將未來的各種可能性交給機運了。

小叮嚀 蘇瀅

reminder

回頭去看台北的流浪生活，腦中出現了大一時期，表演老師對我說的那句話：「你必須要多去參與外面的演員甄選，越多越好，不要停止。」一當初怎麼想也想不透的我，在歷經數不盡的甄選失敗經驗後，對於這句話我有了一個體悟：走出去看看外面的世界，在無數次重重的跌落之後，才能了解這個環境的競爭模式，一次又一次掙扎的爬起來，才是真正的演員需要具備的韌性。

當人在低迷的泥沼中掙扎時，心裡不太可能像心靈雞湯一般永遠抱持著正能量，但是生命中的貴人總是會時不時用不同的方式出現，也許是一句話點醒我的表哥、也許是劇團宣告結束之後開始面臨失敗的危機、也許是媽媽終於下的最後通牒。

流浪的日子帶給我面對失敗的韌性，回到家鄉為了生計而降低自己對表演的標準，這些點點滴滴都是折磨人的，但是也在教會我：堅持不一定能夠成功，但是也因為不放棄，讓我找到改變的可能性。

如果有一天，你覺得身上背的重擔壓得你喘不過氣時。別急，先放下來，想個新的方式，往不同的方向重新出發吧！

Chapter 12

輸贏不比較不計較 無所畏才能逆轉勝

生活，是由數不清的選擇串起來的，就像走在路上每到一個路口遇到紅綠燈一樣，走走停停、左轉右轉，往最終的目標前進。偶爾，會**走到一個大十字路口，面臨決定人生走向的重大決定，難免感到徬徨、因為未知而感到害怕，遲遲做不出決定。有人會花費許久的時間停留在原地，深怕未來會後悔莫及；有人會選擇哪邊是綠燈就往哪邊走，過著順水推舟的人生**；還是，你是那一個好奇寶寶，終於想清楚，邁開充滿期待的步伐，迎接全新的開始？

我喜歡每一次改變人生的十字路口，雖然也會徬徨，也會不安，但未知帶來的是更多的好奇與期待，正是因為不確定該往哪裡走，更顯得自己在這個時刻是擁有無限可能的。

勇敢挑戰自我學習鏡頭表演的網路劇

幾乎每個從事表演藝術者的心中，都有一個追求表演藝術的靈魂，希望可以遇到一個自己打從心底喜愛的劇本，和好的演員、好的導演合作，遇見一個讓自己可以成長的挑戰，好好的被激發，在表演可以發揮的情況下，超越自己。就算幸運的話，偶爾會有一次這樣難得的機會降臨，但不知道下一次像這樣的機會什麼時候才找得到。載浮載沉的漂流著，卡在不上不下的困頓感之中，努力追著錢跑而沒有選擇作品的權利，往往就是靈魂逐漸乾枯的時候了。

擁有選擇權，可以藉由創立劇團，做自己要做的戲，但同時也像是養了一個孩子，一旦創立，從此就和它綁在一起，也許是因為過去看著像家一樣的劇團從成長到沒落的過程，在這個的十字路口上就沒有考慮過這個方向。第二個方向則是得一路往上爬，成為這個圈子的佼佼者。這個選項除了需要長期的累積好作品以外，也需要找到懂幫忙拓展與包裝的貴人，面臨為期一年的最後通牒，我無法選擇。第三個方向，成為一個自帶流量的公眾人物，然而這卻也是許多表演者充滿矛盾的抉擇。成為了這樣的人物，首先要先放下自己想做的事，去做大眾想看的事，在許多抱持著對表演有想法有夢想的人看來，這是一個降低自己的選擇。在我的眼中，這是為了有一天擁有選擇作品的權利而做的投資，是為了在未來可以更貼近初衷的方式。

自從上次在網路影片中飾演奧客貴婦的經驗後，開始持續尋找著鏡頭表演的機會，搜尋關鍵字從劇場演員甄選改為電視、電影、微電影、網路劇……等方面的試鏡。繼續著劇場的演出，同時探索著陸陸續續而來的試鏡機會。在這個過程中，接到了一個為期三個月的小型網路劇，因為拍攝場地白天需要營業，所以拍攝時間必須用到整個晚上的時間。

那是我正式面對鏡頭的開始，開始知道拍攝會有哪幾個基本的鏡位、這些鏡位分別要呈現哪些的重點、漸漸熟悉拍攝的流程。也開始學習著將舞台表演的張力轉換為細膩的鏡頭表演，舞台上總是被要求著要把能量傳遞到最後一排的觀眾，也因為跟觀眾隔著距離，所以動作要放大、咬字要清晰都是舞台劇演員需要具備的基本功。突然之間，鏡頭就像站到你面前近近看著你的觀眾，面對近距離的尷尬還要試著忽略它，同時也叮嚀著自己「表演要收」，調整表演的感覺就像是，把運動鞋換成十公分的高跟鞋，學著將習慣性跳上跳下的大動作轉換成一小步一小步的優雅步伐，並且隨時提醒自己要縮小腹。

適應拍攝模式還有另外一個挑戰，快速消化腳本。以往在劇場的排練有著固定的流程，演員拿到劇本後會和導演共同閱讀，讓大家一起了解內容以外，導演同時也會補充說明情境，第一次的排練導演會拉調度，演員拿著腳本熟悉走位，進入正式排練後，會將場次分段落分次排練，一場一場的花費許多時間磨戲，最後階段才是順排，將整齣戲從頭到尾順著排練，然後是整排，才是彩排。不斷地調整、不斷的磨練琢磨，一齣戲從製作到正式演出的時間短則三個月，長則半年，甚至更久。但是一集十至十五分鐘的短片拍攝，很常都是當天才拿到腳本，到了現場又拿到一本最終修正版的腳本，拍攝期間導演和演員又突然激發出新的想法，呈現出和腳本全然不同的發展。這個轉變完全的打破以往慢工出細活的工作方式，考驗著快速掌握角色的能力以及即興發揮的功力。如果要說這兩者最大的差距，我會用法式餐廳和速食店來做比喻，前者精心地挑選食材、規劃烹飪方式、光是製作醬料就是個精細的複雜過程，按著順序出菜，想要品嘗的客人需要提前預約，準時抵達享用；而速食店並非簡陋，相反的因為要滿足客群快速且大量的需求，所以制定出快速出餐的流程，在節日推出應景的限量套餐，順應市場需求端出吸引人們前來消費的組合套餐。

那段拍攝的時期，我像是回到了儲備演員時期的海綿狀態，不停學習不停地吸收各種知識，感受不同環境所帶來的差異，努力的調整自己，並藉由從旁觀察慢慢了解，鏡頭前的工作原來這麼回事。同時，也第一次感受到，拍夜戲所帶來的疲憊，反常的工作時間，時常是一結束拍攝，就直接前往舞台劇的演出場地，準備上台。在每一次影片播出後，觀看著留言區的反應，但是最讓我感到驚訝的是流量的數字。以往舞台劇的小劇場演出一個場次大約是五十到一百人次，中大型演出大約落在一千到一千五百左右的人次，但是短短一部影片的觀看數量一天就可以有好幾千人的觀看。網路對社群平台的世界我並不熟悉，面對看著超乎預期的傳播速度，讓我見識到網路大神的力量，讓我更意想不到的是，貴婦那部影片更是以百倍的數量在成長著。社群平台，這個我完全沒概念的領域，打破了我以往對流量的衡量單位。突然覺得自己變得何其渺小，看著這些對我來說是天文數字的流量，我彷彿是活在遠古時代剛走出山洞的原始人。

當一個突破標籤限制的 KOL

機運，終於在努力爭取各種機會後，降臨在我身上，彷彿乾旱過後的一場大雨，在最後通牒的期限內，及時帶來了生機，希望再度萌芽。拍攝貴婦的那間新媒體公司來訊詢問，是否有意願加入，成為公司的網路藝人。接收到訊息時，當下其實是受寵若驚的，習慣了汲汲營營的尋找合作機會，第一次有人主動伸出手提出邀約。但這一次，我帶著喜悅的心情同時也有些遲疑，期待的是，我知道網路的曝光度是快速的，但這同時也是我遲疑的原因，在新聞上不乏有許多公眾人物被放大檢視的事件，私生活被公開的報導也時有所聞，真的要公開自己，除了帶著社會責任以外，勢必也會失去某種程度的自由，我真的準備好了嗎？說真的，我還不確定自己想清楚了沒。

聚暘，是這間公司的名字。在思考著「是不是準備好了」這個問題的同時，也多次前往公司與接洽的窗口了解公司的類型以及網路藝人的工作內容，在這裡有吸引我的誘因也有安心的資源：週休二日以及國定假日、供午晚餐、擁有企劃團隊與拍攝團隊。網路藝人創立自己的頻道，創作符合個人特色的影片。創立頻道？這是個我從來沒想過的念頭啊！我的臉書一個月頂多發一至兩篇有感而發的簡短文字，IG 帳號甚至是半年才一張照片，一個社群平台的邊緣人，有辦法每週都生得出影片嗎？換個角度想，又覺得這是一個可以持續創作作品的小天地，不是很吸引人嗎？矛盾歸矛盾，嘴巴還是很誠實的答應看合約了。合約裡面密密麻麻的法律用字，看得我一知半解。

自從在台北過著流浪生活，一直到回家鄉接受最後通牒的挑戰，看似總是獨自一人為自己的表演志業打拼著，但從來不曾覺得自己孤單，這一路上遇到不同的團隊，不論是認識志同道合的新朋友或是和老戰友們相擁團聚，身邊總是有一群像家人般的摯友，排練後聊著生活大小事，在彼此需要幫忙的時候義不容辭的伸出援手。看著這疊一張又一張打滿A4紙的法律文字，腦中開始閃過適合協助的人選。噹！頭上的電燈泡亮了，有個劇團朋友的老公能夠提供法律諮詢。詢問過後朋友馬上就答應了。我一直記得去她家的那個晚上，朋友和她老公仔細的一字一句的解釋給我聽，並在討論過後給了我務實的建議，看著素未謀面的朋友老公專注的神情以及朋友從頭到尾都陪伴在旁邊的樣子，一直是我印象深刻的感動畫面。就這樣，拿著這份合約和公司來來回回的修改、討論、直到雙方都定案，前前後後花費了三個月的時間。二〇一七年九月，我簽下自己的名字，正式的成為聚暘新媒體公司的網路藝人，蘇瀅。

帶著這個新身份，在漂泊與奔波中度過大半人生的我，第一次坐在辦公室，體驗著上班下班的生活。第一個月算是頻道的籌備期，看著無數的網路影片，同時思考著我想帶給別人什麼呢？身為一個演員，我可以發揮什麼特色呢？我想保有當初成為演員的初衷，只是用不一樣的身份繼續表演著。那麼當時的初衷又是什麼呢？我回想第一次帶著爸媽去看舞台劇，走回家的路上感受到的感覺，那是一種心裡被觸動到的感動，藉由舞台上的表演將自己投射在其中，產生共鳴的同時，也喚起了被遺忘許久的情感。找到了！**當初決定成為演員的初衷，就是藉由表演反映出真實生活，找回心裡的溫度。帶著這個初衷，我決定用有趣的方式呈現作品，帶給觀眾歡笑的同時，也留下些許的感動。就這樣，思考著「想要成為什麼樣的人」的過程，我也找到了原本的自己。**

要準備在眾人面前公開自己，反而要先透徹的認識自己，才能夠找到專屬於自己的特色以及作品的核心。也唯透過認識自己，呈現真實的情感，散發真誠。真誠，才能真正的打動人，我一直深深的相信這一點。

我將腦中想做的影片類型一一列出來，和公司的大家長 Mars 來來回回討論、調整過後，影片的製作方向終於定案了。接下來就是將想法轉化成為影片的繁複工作，撰寫腳本，和公司夥伴們討論過後經過無數次修改、定案，拍攝的前置會議，進行籌備，進入拍攝。所有的過程，都是人生初體驗，但因為有完整的團隊給予建議和協助，讓我感到安心。不知不覺的，在順水推舟的過程中，我上傳了人生中的第一部完全屬於自己的影片，開始經營頻道。

經營初期，也是試水溫的時期，透過留言得知網友的喜好，留言區就像問卷回饋一樣，是我調整影片的重要依據。在還沒有認識蘇瀅之前，有許多人對我的印象是「她就是之前演那個奧客貴婦的人」，可能是當初在那部影片裡面，演的真的太討人厭了，過了半年大家仍然記憶猶新。這個角色對我也有很重要的意義，於是我決定繼續延伸這個角色，推出了「貴婦蘇奈嗯」系列，影片一推出留言區的留言比我想像中來得踴躍，內容大概分為兩種，第一種留言是驚訝蘇瀅怎麼可以演得那麼討人厭，第二種留言是入戲太深的類型，以為蘇瀅本人就是這麼討厭的人，而忍不住飆罵。

看著這些用生命在開罵的網友們，真的是哭笑不得，不禁祈禱著在路上不要被他們認出來啊，要不然我就像八點檔裡面演壞人的演員，在路上被入戲的觀眾教訓。但我也懷著感激的心情，心裡默默地感謝著這些人依然記得蘇奈噁，不只記得，是忍到終於有機會再度開罵了，其實有點可愛。

繼續做不同的影片，偶爾穿插著貴婦蘇奈噁系列。慢慢的，有部分對貴婦蘇奈惡忿忿不平的網友，意識到這是創造出來的角色之後，開始對我改觀，但也有部分入戲太深的網友將那股對角色的憤恨，轉而成為了酸民，我將他們稱為壞掉的粉絲。為什麼壞掉了還是粉絲呢？因為影片出來之後，他們一定會準時來留言，在某種程度上也算是鐵粉啊！抱著這樣認知，我抱著壞掉的和沒有壞掉的粉絲繼續前進，那是經營頻道之後，接觸到壞掉粉絲的初體驗，因著他們強大的黏著度，捨不得稱他們為酸民。隨著經營的時間越來越長，壞掉的粉絲似乎慢慢地減少了，偶爾還會在過了一年半載之後的某一天，突然看見曾經壞掉的粉絲表示，過去曾經因為貴婦角色討厭過我的道歉留言，看見這樣的轉變，總讓我會心一笑。

壞掉的粉絲消失之後，仍然偶有路過惡言相向的酸民，這似乎已經是網路世界無可必免的一環啊！這些親愛的酸民們，可能是絆腳石也可以墊腳石，這取決於內容是有建設性的批評或是單純的人身攻擊。有建設性的批評，通常是習慣用開門見山的措辭給予強烈的建議，會用犀利的言詞也許是出自於對影片的失望，發自內心的不滿而帶著情緒。看到這樣的留言，深深的感受到那是出自恨鐵不成鋼的期望而滿溢出來的肺腑之言，我會帶著虛心受教的態度，將可以參考的部分筆記下來，成為下一部影片要調整的方向。至於單純的人身攻擊，就不會放在心上了，畢竟不管在現實或是網路的世界，你不能讓每個人都喜歡你，是亙久不變的事實。不走心，但也不縱容這樣的風氣滋長，是我對酸民的兩個原則，而網路世界相較於現實生活，多了兩個可以執行的項目：「封鎖和檢舉」。除此之外，我始終抱持著感謝每個願意在作品底下的留言，因為有這些互動，讓這個小天地有了溫度，讓作品有了珍貴的回饋。

成為一位網路創作者後，身處在一個瞬息萬變的產業裡面。這是一個人人都能拍影片上傳的時代，時不時都有人突然爆紅，也有人突然宣布離開，竄起的速度可以很快，消失的速度也是。成立頻道上傳影片並不難，長久經營才是每一位創作者最大的考驗。每天關注著潮流時勢，快速地抓到要拍攝的題材，卻需要放慢腳步仔細的審視影片的內容，深怕有錯誤的訊息或觀念，或自己的疏忽而產生誤導別人的可能。如此小心翼翼是因為開始被人認同之後，在這群人的潛意識裡你已經默默地成為意見領袖，這個身份在無形之中扛起了某種社會責任。**除了自己以外，還有一個屬於公眾的身份，兩個自己慢慢的合而為一，學習著由內建立起正確的觀念，保有言行合一的良善。結合兩個自己，是為了一開始踏上表演的初衷：真誠，才能真正的打動人。**

這個初衷，來自於我被台上的演出深深打動的那一刻，在我心中埋下一顆種子。**萌芽，給了我勇氣追尋夢想；茁壯，克服萬難繼續變強；乾枯，在看不見希望的時刻被遺忘；重生，不變的初衷，全新的舞台。**

小叮嚀

蘇瀅

r e m i n d e r

追求夢想的故事，過程難免辛苦，幾經磨煉過後，卻也綻放著生命的精彩，獻給心中也有夢想的你。

蘇瀅Suri

臉書是我最開始成立的平台，在這裡我會不定時的放上有關我的最新消息以及舉辦小彩蛋活動，偶爾也會有只出現在臉書的獨家影片哦。

按讚追蹤起來，只有好處沒有損失。

SURI815

IG 是我隨時記錄生活的小天地，分享著各種想法和大大小小的事。最重要的是，我會時不時的發佈限時動態和大家互動，將我們在生活中的想法或故事轉化為影片的養分哦。

加入我的 IG，一起豐富彼此的生活吧！

蘇瀅Suri

YouTube 頻道是我放上最新影片的地方，過去所有影片也都分門別類的收錄在這個頻道裡。

想要看到最新的影片或是尋找我的特定影片，來這裡就對了！

別忘了，訂閱之後要開起小鈴鐺才不會錯過最新通知哦～

臉書頻道　IG 頻道　YouTube 頻道

後記

謝謝你一直都在

終於來到尾聲啦！坐在電腦前的我，正在打著這本書的最後一篇文字，帶著「終於」的心情，腦中浮現出許多想要一一感謝的面孔。其實從來沒有想過，有一天會有機會將自己的故事寫成一本書，畢竟寫書在我的想像之中是一個大工程，無論是耗費的時間以及挖掘自己的過程，實在沒有把握能夠一邊進行著拍攝影片的工作，同時挪出時間來撰寫。還記得當時公司的大家長Mars和總監跟我提起了幾次，期望我可以出書，但我一直沒有認真的開始計畫。直到有一天，墨刻出版的總編輯開富來訪，聊天的過程我才開始意識到，我真的要開始寫了。當時直覺的想到追求表演的歷程，是我可以分享的故事，希望可以用文字幫助到跟我一樣在追求夢想的人。

追求夢想這條路是漫長且辛苦的，如果可以讓這群人在閱讀的時候不再覺得孤單，困頓的時候有不一樣的想法可以參考，想放棄的時候再想想看有沒有可能跟當時的我一樣，再訂立出一個全然不同的目標，為自己再奮力一搏一次。在這個過程之中我有自己的盲點，也因為如此，你可能已經發現我花了很多時間在摸索，而書中所分享的想法也不一定適合每個人。但是寫這本書的初衷也很簡單，希望藉由這些經歷帶出來的體悟，能夠為讀者帶來些許正向的改變，不論是是一個想法的轉念，或是讓你輕輕放在心裡的一句話，也許在未來的某一個時刻，這個想法、這句話會在你需要的時候出現在你的腦海裡。

撰寫文字的過程，也帶來有別以往的收穫，突然之間從步調緊湊的工作中抽離，學著沈澱自己，慢慢的把回憶找回來，慢慢的思考人生這些片段時刻讓自己學會了什麼。十多年的經歷濃縮成為一本書，仍然有許多人許多事無法鉅細彌遺的都寫進去，容我在最後一篇文章，獻上我的感謝名單：

感謝所有情義相挺的推薦人

拍攝電視劇期間認識了一群可愛又敬業的夥伴，這個美好的緣分在殺青之後，讓大家依舊是時常會彼此想念的友誼，並且毫不猶豫的力挺這本書，謝謝你們：對作品保有堅持的賴孟傑導演、勇於捍衛角色的淑臻姐、杜妍，酷酷美麗的外表下卻有著非常溫暖的內在、以及擁有真性情又堅強的 Yuri 陳怡叡。

我的大師兄，波特，在第一時間就火速答應我的邀請，火速地看完整本書，火速的寫出推薦序。除了義氣滿滿的力挺之外，驚人的效率也令我讚嘆啊！

我永遠最要好的又仁，雖然久久見一次面，但每次見面依舊熟悉。無論是推薦這本書或是在生活中遇到的困難，你總是隨時隨地，馬上幫助我的摯友。

盧志遠，是我的髮型師兼好友，當初認識的契機是推薦你的書，現在變成你來推薦我的書啦！讓我最感動的是，你用隨性又自在的語氣說：「任何推薦的形式我都可以，看你安排。」這份任我宰割的信任，真的是讓我難以忘懷。

還有我心裡很尊敬的海芬姊，除了心心念念她做的超好吃滷味以外，也很敬佩她放下一切追求表演的勇氣，事實也證明了，她是很棒的演員！推薦序的邀請，更是豪不猶豫的答應相挺。

最後，是我曾經在劇場的老戰友，永遠的老朋友，漢軒。其實當初打電話邀請你寫推薦序，更多的是想跟你好好聊個天啊！在這本書裡面的許多經歷，你也曾經跟我一樣面臨著那些轉變，謝謝你的勇氣，繼續在劇場裡一步一腳印努力著，讓我在不知何去何從的時候，在你的劇團，表演家合作社，找到家一般的歸屬感

感謝我的爸爸媽媽

我知道我選擇的人生方向讓你們感到非常陌生以及不安，這一路上你們始終

抱著擔心學著放手。感謝你們願意走進劇場看我的演出表達你們的支持，在台上是讓你們心裡覺得驕傲的演員，在台下是你們憂心會養不活自己的女兒。有你們放手的時刻與最後通牒的激勵，才讓我走到今天，現在你們改成看著我的影片來支持我，我都有偷偷注意到你們默默的按讚。

感謝我人生中第一個劇團的所有夥伴

我的表演啟蒙階段，是你們陪我一起走過的，那是我人生中很重要的一段時期。這個劇團就像我的第二個家，你們就像家人一般，一起製作每一齣戲、一起巡迴、偶爾意見不合吵吵架，但最終總是會一起面對困難。有很多夥伴現在依然持續的在創作，有公開演出請昭告一下，我們劇場見。

還有在這段期間接觸到的表演老師、設計群老師、以及有合作過的演員前輩們，短暫的合作卻讓我感到滿滿的溫暖，並主動給了我許多的協助。我依然記得初次擔任小道具執行的職位時，在後台因為不知道如何製作道具，當時的舞台設計黎仕祺老師，經過時看到了，直接走過來蹲下教我怎麼做，並幫助我完成。我也記得服裝設計林恆正老師，對設計的堅持、嚴謹的處理每一件衣服的每一個細節，在工作的時候嚴肅，卸下工作後是個溫暖而真誠的人，在頻道創立之後的某一天，突然收到老師的問候以及祝福，讓我驚訝又感動。

還有很多很多說不完的插曲，都在短短的合作期間，讓我依然記得，這些小小的舉動，在我心中一直有著大大的感動。

感謝文藻的老師與同學

嗯……我可能是唯一一個把語言學校當作戲劇系在讀的同學。感謝每一位用心教導的老師給予包容，尤其是用心理解過後帶著祝福與支持的班導徐落茲 François de SULAUZE 老師，讓我有著堅定的勇氣繼續向前走。在文藻的這段時間，深刻地感受到每一位老師除了教學以外，更秉持著真誠的關心與尊重來面對學生。也在籌備畢業公演的期間，認識了我的摯友們，雅喬、周、Tanivu，在我人生的每個階段都陪伴著我到今天，找到永遠的朋友一直是我會珍惜一輩子的事。

感謝校園巡迴的夥伴們

所有前前後後有參與的夥伴們，感謝你們願意參與上山下海的奔波演出，無論參與時間的長短，都是曾經與我共同進退的革命夥伴。

又仁、小黑、舜傑、冠熹，這三位夥伴在當初從沒有車子時，跟我一起背著服裝道具，從城市到偏鄉，去到每一間學校一起將戲劇的種子散播給學生們，到後來終於有了公務車，我們大部分的時間都在車程中度過，不是去演出的路上，就是回去放道具的路上。那段日子即使辛苦，卻永遠有著最純粹的歡笑，謝謝你們，我永遠的革命夥伴們。

最後，還有亦師亦友的家逵老師，一直都習慣叫你uncle，因為你真的就像我的親戚叔叔一樣。有的時候像嚴厲長輩的給予指正，有的時候又像朋友般提出發自內心的人生建議，你一直走在我的前面，然後回頭叮嚀我前面要注意的事，一年當中也許見不到幾次面，但只要一見面，就像是見到家中長輩一樣自在，有時候看著我搖頭嘆氣，有時候露出欣慰的笑容，永遠是一個披著老靈魂的頑童。

感謝高雄劇團的夥伴們

表演家合作社的團長，漢軒和團長夫人婉婷，是我在人生中第一個劇團就結識的老朋友，現今依然秉持著表演的初衷持續的創作一齣又一齣的作品。你們一直是我的家人，表演家合作社也是我回到高雄之後最安心的存在，在這個地方我可以盡情的演出，也可以自在的聊著生活的大小事，還有數不清的歡笑時光。我依然會繼續坐在台下，看著你們每年的作品，像是回娘家一樣。

蘋果兒童劇團的團長國光大哥，感謝您的賞識，讓我擔任演員到導演，這段期間我擁有著很大的空間得以發揮我的想法。以及我最親密的阿讓、康琳，也是我在高雄很重要的朋友，從工作到生活總是有講不完的話題，也是接觸到兒童劇之後轉換表演方式很重要的導師。

快樂鳥故事劇場的團長，曾秀玲老師教導我成為一位戲劇老師，從演出到設計教程，都是寶貴的課程。雖然短暫的合作時光過得很快，但是在您身上，讓我看見對生活與工作保有熱情、好奇的一面，最重要的是，還有滿滿的愛。

橄欖葉劇團團長，張皓瑀（三毛），我都說他是我的兄弟。他大概是第一個敢找我用台語演出的導演了，也因為他的信任，讓我努力的狂練台語，演出了人生中第一個全台語的角色。以及在高雄春天藝術節有榮幸演出「噓！安靜」

的合作，更是讓我過足了戲癮。一直以來很欽佩這個年輕人創劇團的勇氣，大家都知道很辛苦，但真的敢去實踐的人不多，你在我心中一直是個勇士。

感謝協助我完成這本書的貴人

聚暘大家長Mars和總監，是我的伯樂。精準的識人眼光看見了我的才華，邀請我成為公司的一份子，同時也看見我細膩的一面，鼓勵我寫出這本書。在沒人知道我是誰的時候，他們花費心思給予栽培，從創頻道到經營的過程，總是親力而為的給予協助和建議，在寫書的過程中，也完全的信任，讓我擁有自在發揮的空間，寫下最貼近自己的作品。沒有他們，就沒有這本書，也沒有蘇瀅。

在撰寫過程中，最大的功臣莫過於墨刻出版社的總編輯，林開富，以及他所帶領的團隊。寫了書才知道我脫稿的功力比我想像中還要高強，在時間的壓力下，開富仍然秉持著耐心等待著，在我提出問題時隨時給予協助。第一次寫書，就幸運的擁有著強大的後盾，讓我安心的創作。

接下來，是陪伴我寫書的三位小天使們：公司的經理，深得、貼心的經紀人，S（毓珍），以及我的先生。深得總是知道什麼時候鼓勵我，什麼時候要提醒我，從訊息的文字之中總是感覺得到一份貼心，為了不給我壓力而小心用字的心意。而經紀人S，在這段期間是我最得力的夥伴，在我寫書的時候協助處理工作的溝通事項，讓我在寫書的時間可以專心，也像是個朋友適時的關心我的狀況。最後，是我的先生，雖然寫書的過程是一個人要面對孤單的時刻，但他會帶一本書靜靜的在旁邊閱讀著，偶爾抬頭監督我有沒有偷偷打開購物網站，每當我寫完一篇文章之後，他是第一位閱讀的忠實讀者。謝謝你們，用心的用適合我的方式，陪伴、協助我完成這本書。

也感謝此時閱讀到這裡的你，文字被閱讀之時，才是這本書最有價值的時刻。

在我的生命中，要感謝的人真的好多，當我寫著感謝名單的同時，才發現自己的生命是由無數數不盡的人們交織而成的緣分累積成為今天的我。如果你也曾經在這些故事中參與過我的生活，卻沒有被提及，跟我說一聲吧！我會誠摯的約你出來，喝杯咖啡，當面致上我的感謝。

蘇瀅無所畏
敢輸才會贏

作者蘇瀅**美術設計暨封面設計**RabbitsDesign**行銷企劃經理**呂妙君**行銷專員**許立心

總編輯林開富**社長**李淑霞PCH**生活旅遊事業總經理**李淑霞**發行人**何飛鵬 **出版公司**墨刻出版股份有限公司 **地址**台北市民生東路2段141號9樓 **電話** 886-2-25007008 **傳真**886-2-25007796 EMAIL mook_service@cph.com.tw **網址** www.mook.com.tw **發行公司**英屬蓋曼群島商家庭傳媒股份有限公司城邦分公司 **城邦讀書花園** www.cite.com.tw **劃撥**19863813 **戶名**書蟲股份有限公司 **香港發行所**城邦（香港）出版集團有限公司 **地址**香港灣仔洛克道193號東超商業中心1樓 **電話**852-2508-6231 **傳真**852-2578-9337 **經銷商**聯合股份有限公司（電話：886-2-29178022）金世盟實業股份有限公司 **製版印刷**漾格科技股份有限公司 **城邦書號**KG4017 ISBN 978-986-289-565-8 ・9789862895665(EPUB) **定價**380元 **出版日期**2021年6月**初版**

國家圖書館出版品預行編目(CIP)資料

蘇瀅無所畏 敢輸才會贏/蘇瀅著. -- 初版. -- 臺北市：墨刻出版股份有限公司出版：英屬蓋曼群島商家庭傳媒股份有限公司城邦分公司發行2021.06
面；　公分
ISBN 978-986-289-565-8(平裝)
1.自我肯定 2.自我實現

177.2　　110006159